中等职业学校计算机系列

zhongdeng zhiye xuexiao jisuanji xilie j

计算机图形制作基础
CorelDRAW X3 中文版
（第2版）

◎ 艾萍 主编

◎ 赵博 刘昆杰 副主编

人民邮电出版社

北京

图书在版编目（CIP）数据

计算机图形制作基础：CorelDRAW X3中文版 / 艾萍
主编. -- 2版. -- 北京：人民邮电出版社，2011.10（2019.1重印）
中等职业学校计算机系列教材
ISBN 978-7-115-25179-4

Ⅰ. ①计… Ⅱ. ①艾… Ⅲ. ①图形软件，
CorelDRAW X3－中等专业学校－教材 Ⅳ. ①TP391.41

中国版本图书馆CIP数据核字(2011)第140947号

内 容 提 要

CorelDRAW 是功能强大的平面设计软件，它在平面广告设计、装潢设计、企业形象策划、工业设计、产品包装造型设计、网页设计、室内外建筑效果图绘制及印刷排版等各个领域都被广泛地应用。

本书结合大量的典型实例，全面介绍了 CorelDRAW X3 的基本操作方法和应用技巧，包括 CorelDRAW X3 界面简介，图形图像基本概念，图形文件的基本操作，页面的设置，图形绘制与编辑工具的应用，图形的填充及轮廓工具的应用，【文本】工具的应用，对象的其他操作，特殊效果工具的应用以及位图的处理等内容。各章内容的讲解以实例操作为主，操作实例都有详尽的操作步骤，突出对学生的实际操作能力的培养。除此之外，在每章的最后都设有实训和习题，从而使学生能够巩固并检验本章所学知识。

本书适合作为中等职业学校"计算机图形绘制及图像处理"课程的教材，也可作为 CorelDRAW 初学者的自学参考书。

中等职业学校计算机系列教材

计算机图形制作基础 CorelDRAW X3 中文版（第 2 版）

♦ 主　编　艾　萍

　　副主编　赵　博　刘昆杰

　　责任编辑　王　平

♦ 人民邮电出版社出版发行　　北京市丰台区成寿寺路11号
　　邮编　100164　　电子邮件　315@ptpress.com.cn
　　网址　http://www.ptpress.com.cn
　北京九州迅驰传媒文化有限公司印刷

♦ 开本：787×1092　1/16
　印张：12.5　　　　　　　　2011 年 10 月第 2 版
　字数：312 千字　　　　　　2019 年 1 月北京第 8 次印刷

ISBN 978-7-115-25179-4

定价：24.00 元

读者服务热线：(010)81055256　印装质量热线：(010)81055316
反盗版热线：(010)81055315
广告经营许可证：京东工商广登字 20170147 号

中等职业教育是我国职业教育的重要组成部分，中等职业教育的培养目标定位于具有综合职业能力，在生产、服务、技术和管理第一线工作的高素质的劳动者。

随着我国职业教育的发展，教育教学改革的不断深入，由国家教育部组织的中等职业教育新一轮教育教学改革已经开始。根据教育部颁布的《教育部关于进一步深化中等职业教育教学改革的若干意见》的文件精神，坚持以就业为导向、以学生为本的原则，针对中等职业学校计算机教学思路与方法的不断改革和创新，人民邮电出版社精心策划了《中等职业学校计算机系列教材》。

本套教材注重中职学校的授课情况及学生的认知特点，在内容上加大了与实际应用相结合案例的编写比例，突出基础知识、基本技能。为了满足不同学校的教学要求，本套教材中的 3 个系列，分别采用 3 种教学形式编写。

- 《中等职业学校计算机系列教材——项目教学》：采用项目任务的教学形式，目的是提高学生的学习兴趣，使学生在积极主动地解决问题的过程中掌握就业岗位技能。

- 《中等职业学校计算机系列教材——精品系列》：采用典型案例的教学形式，力求在理论知识"够用为度"的基础上，使学生学到实用的基础知识和技能。

- 《中等职业学校计算机系列教材——机房上课版》：采用机房上课的教学形式，内容体现在机房上课的教学组织特点，学生在边学边练中掌握实际技能。

为了方便教学，我们免费为选用本套教材的老师提供教学辅助资源，教师可以登录人民邮电出版社教学服务与资源网（http://www.ptpedu.com.cn）下载相关资源，内容包括如下。

- 教材的电子课件。
- 教材中所有案例素材及案例效果图。
- 教材的习题答案。
- 教材中案例的源代码。

在教材使用中有什么意见或建议，均可直接与我们联系，电子邮件地址是 wangyana@ptpress.com.cn，wangping@ptpress.com.cn。

中等职业学校计算机系列教材编委会

2011 年 3 月

前　言

CorelDRAW 是由 Corel 公司出品的集矢量图形设计、文字编辑、位图处理和印刷排版于一体的平面设计软件，自上市以来就一直深受广大平面设计人员的青睐。它为使用者提供了广阔的使用空间和设计空间，极大地提高了平面设计工作的效率，并且已成为图形图像设计软件中的佼佼者。本书以 CorelDRAW X3 中文版为平台，详细介绍了利用 CorelDRAW 进行矢量图形绘制和图形/图像处理的使用方法及应用技巧。

本书采用案例教学的方法编写，充分考虑了中等职业学校教师和学生的实际需求，按照基本工具和菜单命令的使用顺序，列举了大量的典型实例来讲解 CorelDRAW X3 的基本操作方法和应用技巧，使教师教起来方便，学生学起来轻松。本版整合了前一版中较零散的知识点，更换了一些案例，从而能够更好地满足中等职业学校相关专业的教学要求。

本书以章为基本写作单位，每章介绍了一类完整的功能或图形绘制技巧，并配以实例进行讲解，使学生能够迅速掌握相关操作方法。教师一般可用 32 课时讲解本教材内容，然后配合书中的教学案例，再配以 40 课时作为上机时间，则可较好地完成教学任务。本书总共需要 72 课时。

本书中每章由以下几个主要部分组成。

- 学习目标：列出本章的主要学习内容，教师可用它作为简单的备课提纲，学生可通过学习目标对本章的内容有一个大体的认识，从而使老师和学生都做到目的明确、心中有数。
- 命令简介：讲解在实例制作过程中用到的命令及各选项的功能，使学生在学习和操作过程中能知其然，并知其所以然。
- 操作步骤：将精心准备的案例一步一步地做出来。案例的制作步骤连贯，不会有大的跳步，到关键步骤时，会及时提醒学生应注意的问题。
- 实训：在每章末尾安排了实训，教师可以引导学生进行案例总结。教师可以对实训案例进行简单的分析，以拓展学生的思路，并安排学生独立完成。
- 习题：在每章的最后都准备了一组练习题，有填空、简答或操作题，用以检验学生的学习效果。

书中所配电子课件和所用素材可在人民邮电出版社教学服务与资源网（www.ptpedu.com.cn）下载。

本书由艾萍主编，赵博、刘昆杰任副主编，参加本书编写工作的还有沈精虎、黄业清、宋一兵、谭雪松、向先波、冯辉、计晓明、滕玲、董彩霞等。

由于作者水平有限，书中难免存在疏漏之处，敬请广大读者批评指正。

编者
2011 年 3 月

目　录

第1章 CorelDRAW X3 预备知识

Corel 公司出品的 CorelDRAW 是集矢量图形绘制、设计、文字编辑、位图处理及印刷排版于一体的平面设计软件，自上市以来就受到广大平面设计人员的青睐，已成为图形/图像设计软件中的佼佼者。

CorelDRAW X3 在矢量绘图方面功能强大，操作灵活。本章主要介绍矢量图形和位图图像与计算机中色彩模式的基本概念，CorelDRAW X3 的启动与退出以及 CorelDRAW X3 的工作界面等内容。

<table>
<tr><td rowspan="4">学习目标</td><td>● 了解矢量图形与位图图像的区别。</td></tr>
<tr><td>● 了解计算机中的色彩模式。</td></tr>
<tr><td>● 了解常用的文件格式。</td></tr>
<tr><td>● 了解 CorelDRAW X3 的工作界面。</td></tr>
</table>

1.1 基本概念

在使用 CorelDRAW X3 之前，首先需要了解矢量图形与位图图像的区别、计算机中的色彩模式以及常用的文件格式。

1.1.1 矢量图形与位图图像

在计算机图形领域中有两种表示图形的方式，即矢量图形与位图图像。下面详细介绍两者的特点与区别。

1. 矢量图形

矢量图形又称向量图形，是计算机按照数字模式描述的图形。在 CorelDRAW 中绘制的图形都属于矢量图形。在平面设计方面，还有其他的矢量绘图软件，如 Illustrator、PageMaker 和 FreeHand 等。

由于矢量图形是计算机利用点和线的属性方式表达的，因此它的显示与分辨率无关。无论将它放大多少倍，图形线条边缘均光滑显示。图 1-1 所示为矢量图形的原始尺寸与放大后的效果比较。

另外，矢量图形的文件大小只与图形的复杂程度有关，因此矢量图形需要的存储空间很小，绘制与编辑时对计算机的内存要求较低，并可以打印机或印刷机等输出设备的最高分辨率进行打印。

（a）原始尺寸的矢量图形

（b）放大后显示的图形局部

图1-1 矢量图形的原始尺寸与放大后的效果比较

2. 位图图像

在 CorelDRAW 中，位图图像可以以导入的方式置入到文件中并进行编辑处理，还可以将 CorelDRAW 文件中的矢量图形导出为位图图像格式，并在位图图像处理软件（如 Photoshop 等）中进行编辑处理。

位图图像又称光栅图或点阵图，是由计算机中最小显示单位的点（通常被称为像素）排列组成的图像。它的显示、文件大小均与分辨率密切相关。当图像被放大到 100%以上时，图像就会变得模糊且产生锯齿。因此要想得到高品质的图像，就需在设计初期设置高的分辨率，但是这样会对计算机的内存提出更高的要求。图 1-2 所示为位图图像的原始尺寸与放大后的效果比较。

（a）原始尺寸的位图图像

（b）放大后显示的图像局部

图1-2 位图图像的原始大小与放大后的效果比较

1.1.2 色彩模式

在计算机平面设计应用中有多种定义颜色的方法，这些不同的方法称为色彩模式。常用的色彩模式有 CMYK（青色、品红色、黄色和黑色）模式、RGB（红色、绿色和蓝色）模式、HSB（色度、饱和度和亮度）模式、HLS（色度、光度和饱和度）模式以及 CLE Lab（Lab）模式等，各种色彩模式可以根据处理图像的需要进行相互转换。其中常用的色彩模式为 CMYK 和 RGB。

在平面设计初期，首先要根据作品的用途为作品选择相应的色彩模式。如果作品是用来出版印刷的，最好使用 CMYK 模式；如果是用来在显示设备上展示的，如网页设计等，那么最好使用 RGB 模式。有些作品则需要准备两份不同色彩模式的文件。

下面介绍比较常用的几种色彩模式。

1. CMYK 模式

CMYK 模式通过混合青色（Cyan）、品红色（Magenta）、黄色（Yellow）和黑色（Black）4 种颜色来定义各种颜色。很多印刷品都是采用 CMYK 模式印刷的，在混合颜色时以百分比的形式来表示加入的每种颜色的多少。每种颜色的取值范围在"0%～100%"。如果每一种颜色的值都为"100%"，则结果为黑色；如果每一种颜色的值都为"0%"，则结果为纯白色。

 理论上，当青色、品红色和黄色的值都为"100%"时，混合出来的颜色应为黑色，但输出设备实际产生的色彩偏深褐色，显得很脏。因此在设计中，最好再加入些黑色来使输出的颜色显得更纯，也可以使用 100%的黑色。

2. RGB 模式

RGB 模式通过混合红色（Red）、绿色（Green）和蓝色（Blue）3 种颜色来定义颜色。计算机显示器所使用的颜色模式是 RGB 模式，这种模式显示的颜色最鲜艳。在混合时以数值的形式表示每种色彩的多少，每种色彩的取值范围为"0～255"。如果每种颜色的值都为"255"，则混合出白色；如果每种颜色的值都为"0"，则混合出黑色。

由于设备等客观因素，显示器等设备上显示的色彩与真实色彩之间存在偏差，另外，输出设备也会影响输出的色彩显示，同一作品在显示器上的显示与印刷或打印出的颜色多少会有些不同。因此，在做设计之前，应使用标准色标校准显示器，以减小色彩显示与输出的偏差。

3. HSB 模式

HSB 模式使用色度（H）、饱和度（S）和亮度（B）来定义颜色。它基于人们对色彩的感知方式来描述颜色。色度描述颜色的色相，用"0°～359°"来表示（例如，0°为红色，6°为黄色，120°为绿色，180°为青色，240°为蓝色，而 300°则为品红）。饱和度描述颜色的鲜明度或阴暗度，用"0%～100%"来测量（百分比越高，颜色越鲜明）。亮度描述颜色包含的白色量，用"0%～100%"来测量（百分比越高，颜色越明亮）。

1.1.3 常用的文件格式

在存储文件时会涉及文件的格式，不同的软件有相应的文件存储格式，了解常用的数据格式可以方便用户在不同的软件中转换数据。要想知道某一文件的格式，只要看它的扩展名即可，例如，CorelDRAW 中的默认存储格式的扩展名为".cdr"。下面介绍常用的文件格式。

1. CDR 格式

这是 CorelDRAW 的默认存储格式，是矢量图的存储格式。

2. AI 格式

这是 Illustrator 使用的存储格式，是矢量文件的通用格式，此格式的文件可以在 Photoshop 和 CorelDRAW 等软件中直接打开。

3. EPS 格式

EPS 格式是一种跨平台的通用格式，大多数的绘图软件和排版软件都支持此格式，它可以保存图像的路径信息，常用于数据在不同软件间的转换。

4. BMP 格式

BMP（Windows-bitmap，位图）格式是 Microsoft 软件的专用格式，也就是常说的位图格式，它是 Windows 兼容计算机系统的标准图像格式。BMP 格式支持 RGB、索引颜色、灰度和位图颜色模式，但不支持 Alpha 通道。位图格式的文件较大，但它是最通用的图像文件格式之一。

5. GIF 格式

GIF（Graphics Interchange Format，图形交换格式）格式的文件是 8 位图像文件，最多为 256 色，GIF 格式不支持 Alpha 通道。GIF 格式的文件较小，常用于网络传输，在网页上见到的图片大多是 GIF 和 JPEG 格式的，但 GIF 格式相对 JPEG 格式的优势在于，GIF 格式的文件可以保存动画效果。

6. JPEG 格式

JPEG（Joint Photographic Experts Group，联合图像专家组）格式也就是读者熟悉的扩展名为".jpg"的图像格式。JPEG 格式实际上是一种压缩的图像文件格式，它支持真彩色，生成的文件较小，也是较常用的图像格式。JPEG 格式也是网络上最常用的格式之一，它相对 GIF 格式的优势在于，JPEG 格式文件保留 RGB 图像中的所有颜色信息，通过有选择地去掉数据来压缩文件，而 GIF 格式的文件多数采用索引颜色。

 要点提示　JPEG 格式是有损压缩格式，可以通过设置压缩的类型来产生不同大小和质量的文件。也就是说，压缩率越高，图像文件越小，相对的图像质量就越差。

7. PSD 格式

PSD 格式是 Photoshop 专用的存储格式，可以保存图像的层、通道、路径等信息，它是在完成图像处理任务之前，一种常用的且可以较好地保存图像信息的格式。但使用 PSD 格式存储的文件较大。

8. PNG 格式

PNG（可移植网络图形）格式的文件主要用于替代 GIF 格式的文件。GIF 格式的文件虽然较小，但图像的颜色和质量较差。PNG 格式可以使用无损压缩方式压缩文件，它支持 24 位图像，产生的透明背景没有锯齿边缘，因此可以产生质量较好的图像效果。但是，一些较早版本的 Web 浏览器可能不支持 PNG 图像。

9. TGA 格式

TGA（Targa）格式专用于使用 Truevision（R）视频版的系统，MS-DOS 色彩应用程序普遍支持这种格式，它也是较常见的图像格式之一。Targa 格式支持带一个 Alpha 通道的 32 位 RGB 文件和不带 Alpha 通道的索引颜色、灰度、16 位和 24 位 RGB 文件。

10. TIFF

TIFF（Tag Image File Format，标记图像文件格式）用于在应用程序之间和计算机平台之间交换文件。TIFF 是一种灵活的位图图像格式，被所有绘画、图像编辑和页面排版应用程序支持，而且几乎所有的桌面扫描仪都可以生成 TIFF 图像。TIFF 支持带 Alpha 通道的 CMYK、RGB 和灰度文件，支持不带 Alpha 通道的 Lab、索引颜色和位图文件，TIFF 也支持 LZW 压缩。

1.2 CorelDRAW X3 的启动

确定计算机中已经安装了 CorelDRAW X3 中文版软件后，下面介绍进入 CorelDRAW X3 工作界面的方法。

【例1-1】　启动 CorelDRAW X3。

下面介绍 CorelDRAW X3 的启动方式。

操作步骤

(1)　单击 Windows 桌面左下角的 ![开始] 按钮。

(2)　在弹出的【开始】菜单中选择【所有程序】/【CorelDRAW Graphics Suite X3】/【CorelDRAW X3】命令。

(3)　计算机将自动启动 CorelDRAW X3，图 1-3 所示为 CorelDRAW X3 的工作界面。

图1-3　CorelDRAW X3 的工作界面

案例小结

安装软件后，第一次启动 CorelDRAW X3 时，会弹出如图 1-4 所示的欢迎屏幕。欢迎屏幕提供了【新建】、【最近用过】、【打开】、【从模板新建】、【CorelTUTOR】及【新增功能】等选项。在此窗口中单击【新建】图标，即可进入 CorelDRAW 的工作界面，并同时新建一个图形文件。若想启动时不打开欢迎屏幕，而直接进入工作界面，可以取消勾选【启动时显示这个欢迎屏幕】复选框。

图1-4　CorelDRAW X3 的欢迎屏幕

　　本节介绍了 CorelDRAW X3 的启动方法，掌握软件的正确启动方法是学习该软件的必要条件，也是使用软件前的必做工作。

1.3　CorelDRAW X3 的工作界面

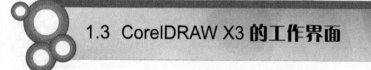

　　CorelDRAW X3 的工作界面按功能可划分为标题栏、菜单栏、工具栏、属性栏、工具箱、工作窗口、状态栏、调色板、标尺、泊坞窗、页面控制栏、视图导航器等几部分，如图 1-5 所示。下面详细介绍各部分的功能和作用。

图1-5　CorelDRAW X3 的工作界面与各部分的名称

1.　标题栏

标题栏位于界面窗口顶部，显示当前软件的名称、版本号及当前绘制的文件的名称。其右侧有 3 个按钮，主要用于控制界面窗口的大小及关闭。

- 单击 （最小化）按钮，可以使界面窗口以最小化的图标状态显示在 Windows 系统的任务栏中，图标状态如图 1-6 所示。在 Windows 系统的任务栏中单击界面最小化后的图标，CorelDRAW X3 界面窗口将还原为最大化状态或还原显示。

图1-6　最小化后的图标

- 单击 （向下还原）按钮，可以使窗口变为还原状态。还原后，窗口右上角的 3 个按钮变为 状态。当 CorelDRAW X3 窗口显示为还原状态时，单击 （最大化）按钮，可以将还原后的窗口最大化显示。
- 单击 （关闭）按钮，即可退出 CorelDRAW X3。
  另外，双击标题栏的空白处，也可在最大化与还原窗口之间切换。

2.　菜单栏

菜单栏默认位于标题栏的下方，它几乎包含了 CorelDRAW X3 中的所有功能与命令。菜单栏按功能划分为【文件】、【编辑】、【视图】、【版面】、【排列】、【效果】、【位图】、【文本】、【工具】、【窗口】及【帮助】11 个菜单，每一个菜单中又包含若干个子菜单，选择任意一个子菜单可以执行相应的命令。

- 【文件】菜单：主要针对绘制或编辑的图形文件进行操作，包括文件的新建、打开、保存、关闭，其他格式文件的导入、导出以及文件的打印设置等。
- 【编辑】菜单：主要针对工作区域中的图形/图像进行编辑操作，包括撤销与重做，图形/图像的剪切、复制、粘贴等。
- 【视图】菜单：用来设置图形/图像在工作区域中的显示方式以及辅助对象（网格、辅助线、标尺等）的显示与设置等。
- 【版面】菜单：主要用来进行页面的添加、页面大小、背景等的设置，进行页面间的切换等操作。
- 【排列】菜单：主要用来对工作区域中选择的图形/图像进行变换、排列、群组、结合及锁定等操作。
- 【效果】菜单：主要用来对工作区域中选择的图形（矢量）进行特殊效果的处理，包括调整和复制效果、仿制等操作。
- 【位图】菜单：主要用来对工作区域中选择的图像（位图）进行位图效果的处理，包括转换位图、编辑位图及位图特殊效果的添加等操作。
- 【文本】菜单：主要用来对输入的文字进行处理，包括字体和字号的设置、段落文字的属性设置及使文字适合路径等操作。
- 【工具】菜单：主要用于设定 CorelDRAW X3 中的大部分命令，包括菜单栏、工具栏和其他工具的属性设置以及颜色和对象的管理设置等。
- 【窗口】菜单：主要用于对界面窗口进行管理以及各控制对话框、泊坞窗的调用和管理等。
- 【帮助】菜单：包括 CorelDRAW X3 的自带帮助文件和 CorelDRAW X3 的在线帮助等。

在某些子菜单的命令后面还带有图标、符号或文字等，这些均有其相应的含义。

- 子菜单命令后的▶图标表示这个命令后面还有子菜单，将鼠标指针移到这个命令上停留片刻，会弹出相应的子菜单。
- 子菜单中有些命令后面有一个省略号，表示选择此命令会弹出相应的对话框。
- 有些命令以灰色显示，表示该命令只有在特定的情况下才可使用。
- 子菜单中有些命令后面有键盘按键的英文字母组合，这表示 CorelDRAW X3 对一些常用的命令设置了键盘的快捷方式。按键盘中的按键组合，则会执行相应的操作。例如，【编辑】/【粘贴】命令后显示"Ctrl+V"（见图 1-7），表示按Ctrl+V组合键也可以执行粘贴操作。

图1-7 【编辑】/【粘贴】命令

 CorelDRAW X3 为大部分常用的菜单命令设置了快捷键，熟悉并掌握这些快捷键可以极大提高工作效率。

3．工具栏

工具栏默认位于菜单栏的下方，工具栏中包含一些常用菜单命令的快捷工具按钮。工具栏中各按钮相应的功能如图 1-8 所示。

图1-8 标准工具栏中各工具按钮及对应的功能

4．属性栏

属性栏默认位于工具栏的下方，其选项根据所选工具或对象的不同而不同。当选择工具箱中的【文本】工具或选择工作区域中的文本对象时，属性栏则显示相应的创建和编辑文本的命令、选项及参数等，如图 1-9 所示。

图1-9 选择文本对象或【文本】工具时的属性栏状态

5．工具箱

工具箱默认位于工作界面的最左侧，是 CorelDRAW X3 中常用工具命令的集合，包含用于创建、填充和修改图形的 16 组工具。

有些工具按钮的右下角有黑色小三角符号，表示该工具还隐藏着其他的同类工具。要选择这些隐藏的工具，可将鼠标指针移动到该按钮上，并按住鼠标左键不放，稍等一段时间就会弹出其他工具。工具箱及展开的隐藏按钮如图 1-10 所示。

若想查看某个工具的名称，可将鼠标指针移到该工具按钮上并停留片刻，这样就会在工具按钮的右下角显示该工具的名称。

图1-10　工具箱及隐藏的工具按钮

6. 工作窗口

工作窗口位于 CorelDRAW X3 界面的中心，是进行操作的工作区域。平面设计所创建的图形、文本及导入的图像等均显示在工作区域中。

工作窗口中的矩形框为可打印的区域。文件中的对象可以放置在工作窗口中的任意位置，但是只有矩形框内的对象可以通过输出设备进行打印输出，矩形框外的对象则不会被打印。

7. 状态栏

状态栏位于 CorelDRAW X3 界面的底部，括号内显示鼠标指针的当前位置。括号后面的文字内容为当前工具使用方式的简要提示，还包含当前所选对象的相关信息，如对象的类型、大小、位置、颜色、填充和分辨率等。

8. 调色板

调色板默认位于工作界面的右侧，是为选择的对象进行单色填充的最快途径。单击调色板下方的 ◄ 按钮，可展开调色板中隐藏的色样。此部分内容将在后续章节中详细介绍。

9. 标尺

标尺用于确定图形的大小和位置，按住鼠标左键并从标尺的位置向工作窗口拖曳，到某一处时释放鼠标，这样即可拖曳出水平或垂直方向上的辅助线，辅助线以虚线方式显示。按住鼠标左键并从左上角的 ⌖ 按钮向工作窗口拖曳，到某一处时释放鼠标，这样即可更改标尺的零点位置。双击 ⌖ 按钮，则可恢复零点位置为默认状态。当工作窗口中有辅助线时，单击辅助线即可将其选中（此时选择的辅助线将变为红色），按 Delete 键即可将选择的辅助线删除。此部分内容将在后续章节中详细介绍。

10. 泊坞窗

CorelDRAW X3 初始界面右侧显示的"提示泊坞窗"是新增的功能，可以帮助用户更有效地使用该软件。当选择相应的工具时，泊坞窗会显示相应的提示，告诉用户该工具的使用方法及技巧。

用户还可以选择【窗口】/【泊坞窗】子菜单中的命令，调出其他的泊坞窗。泊坞窗主要是针对软件中某些特定的工具和命令额外增加的一些参数命令。例如，当对多个重叠的图形进行造形修整时，可以利用属性栏中的 🗖 🗖 🗖 🗖 🗖 🗖 按钮组对图形进行快速修整；也可以选择【排列】/【造形】命令，弹出如图 1-11 所示的【造形】子菜单；还可以选择【窗口】/【泊坞窗】/【造形】命令，在界面右侧弹出如图 1-12 所示的【造形】泊坞窗，在这个对话框中额外增加了【保留原件】的复选项，使【造形】命令使用起来更加方便、灵活。

11. 页面控制栏

CorelDRAW X3 允许在一个图形文件中创建多个页面，而页面控制栏就是用来控制当前文件的页面添加与删除、切换页面方向和跳页等操作的。

页面控制栏位于工作界面左下方，主要显示当前页码和总页数等信息，如图 1-13 所示。

图1-11　【造形】子菜单　　　　图1-12　【造形】泊坞窗　　　　图1-13　页面控制栏

页面的添加和重命名等操作参见"2.2.2 小节"的内容。

12. 视图导航器

视图导航器位于绘图窗口的右下角，其快捷键为 N。利用它可以显示绘图窗口中的不同区域。在【视图导航器】按钮 □ 上按住鼠标左键不放，然后在弹出的小窗口中拖曳，如图 1-14 所示，这样即可显示绘图窗口中的不同区域。注意，只有在页面放大显示或以 100%显示时此功能才可用。

图1-14　【视图导航器】状态

上面介绍了 CorelDRAW 的工作界面，相信通过上面的学习，读者已经对 CorelDRAW X3 的界面及各部分的功能有了一定的认识。

1.4　CorelDRAW X3 的退出

用 CorelDRAW 对图形进行编辑并保存后，需要退出软件，下面介绍退出软件的方法。

【例1-2】　退出 CorelDRAW X3。

　操作步骤

(1)　确认 CorelDRAW X3 已经启动。

(2) CorelDRAW X3 界面窗口的标题栏右侧有一组控制按钮，单击 ⊠ 按钮即可退出 CorelDRAW X3。

 除了单击 ⊠ 按钮可以退出软件之外，还有其他方法可以将软件关闭，即选择【文件】/【退出】命令或按 Alt+F4 组合键。

 案例小结

本节简单介绍了 CorelDRAW X3 的退出方法，希望读者能够将其掌握，并养成良好的启动和退出软件的习惯。

 ## 1.5 CorelDRAW X3 新增功能介绍

CorelDRAW X3 较上一版本而言，功能更加完善，操作更加便捷。用户可以选择【帮助】/【突出显示"新增功能"】/【从版本 12】命令，系统将会突出显示新增和改进的功能或命令。

CorelDRAW X3 工具箱中新增加的工具有【裁剪】工具 ✄、【智能填充】工具 🖌 和【复杂星形】工具 ⚙，对【形状】工具 ⟋、【交互式轮廓图】工具 ▣、【文本】工具 📝 的功能也进行了增强。现具体介绍如下。

1．裁剪工具

利用新增加的【裁剪】工具可以快速删除画面中不需要的区域，对位图图像、矢量图形、段落文本及美术文字都可以进行裁剪。

使用【裁剪】工具与使用【效果】/【图框精确剪裁】子菜单中的命令产生的效果相似，但两者有本质的区别。【裁剪】工具将对图形或图像进行裁切，裁切掉的区域将被删除，这样可以减小文件的大小；【图框精确剪裁】子菜单中的命令是利用矢量图形作为裁剪框对其他对象进行裁剪，裁剪框外的区域并未被删除，只是被隐藏，可以通过对裁剪框进行编辑来调整裁剪区域。

 【裁剪】工具的使用方法详见第 3.3.4 小节，【图框精确剪裁】子菜单中的命令的使用方法详见第 7.2 节。另外，还可以利用【形状】工具 ⟋ 对位图进行不规则的裁剪。

2．智能填充工具

利用新增加的【智能填充】工具 🖌 可以对封闭图形或多个图形的重叠区域进行颜色填充，极大方便了用户。在以前的版本中，为不同路径的相交区域填充不同颜色的过程非常麻烦，而【智能填充】工具则简化了操作过程。【智能填充】工具的工作原理是，首先自动检测图形路径的相交区域，其次为要填充的相交区域自动新建一个闭合路径并进行颜色填充。详细内容参见第 4.3 节。

3．复杂星形工具

CorelDRAW X3 新增加了【复杂星形】工具 ⚙，【复杂星形】工具与【星形】工具的使用方法非常相似。详细内容参见第 3.1.4 节。

4．形状工具

CorelDRAW X3 对【形状】工具进行了增强，改进了曲线的控制手柄，另外，在该工具的属性栏中还增加了"矩形"与"手绘"两种节点的选取方式。

5．交互式轮廓图工具

CorelDRAW X3 对【交互式轮廓图】工具进行了优化，利用新版本中的工具产生的轮廓曲线的节点数极大少于以前版本的。矢量图形的节点越少，路径越光滑，文件就越小。

6．文本工具

CorelDRAW X3 对【文本】工具进行了很多重大的改进，使用户对文字的处理更加方便高效。例如，新增了水平、垂直镜像功能；将原来的【格式化文本】泊坞窗分解为【字符格式化】和【段落格式化】泊坞窗；改进了【使文本适合路径】功能，通过使用动态预览使文本适合任何路径，这样有助于定位文本。使文本适合路径后，可以进一步调整文本的位置，还可以插入可选连字符，这样使读者能够指定当单词位于行尾时的断字位置。详细内容参见第 5 章。

另外，CorelDRAW X3 新增加的命令有【编辑】/【再制】命令、【编辑】/【仿制】命令、【编辑】/【步长和重复】命令、【编辑】/【叠印位图】命令、【视图】/【使用叠印增强】命令、【效果】/【斜角】命令、【效果】/【创建边界】命令、【位图】/【自动调整】命令以及【位图】/【图像调整实验室】命令等，详细的内容参见后面的章节。

 习题

简答题

1. 简述矢量图形与位图图像的区别。
2. 简述色彩的几种模式，并说明其适用范围。
3. 简述 CorelDRAW X3 的工作界面按功能可分为几部分，各部分的名称、功能及作用。

第2章　CorelDRAW X3 基本操作

本章主要介绍 CorelDRAW X3 的基本操作，其中包括文件的创建与存储、导入与导出，标尺、辅助线与网格的设置，视图查看方式的设置以及视图的查看方式等。这些知识是 CorelDRAW X3 比较基础的内容，对后续的进阶学习非常重要，希望读者能够熟练掌握。

学习目标

- 掌握图形文件的创建与存储方法。
- 掌握图形/图像文件的导入与导出方法。
- 学会设置图形文件的标尺、辅助线及网格。
- 学会设置视图的查看方式。
- 掌握视图的查看方式。

2.1　图形文件的基本操作

命令简介

- 【文件】/【新建】命令：用于创建一个新文件。
- 【文件】/【从模板新建】命令：用于创建一个带有预先设置的新文件。
- 【文件】/【打开】命令：用于打开一个存储在本地磁盘上的图形文件。
- 【文件】/【保存】命令：将当前编辑的文件保存在本地磁盘中。
- 【文件】/【另存为】命令：将当前编辑的文件重新命名并进行保存。
- 【文件】/【导入】命令：用于导入使用【打开】命令所不能打开的图像文件。
- 【文件】/【导出】命令：用于将 CorelDRAW X3 中绘制的图形以不同格式的文件导出。

2.1.1　新建图形文件

利用【文件】/【新建】命令创建一个新文件。

【例2-1】　【新建】命令的使用。

操作步骤

(1)　单击 Windows 桌面左下角的 按钮，在弹出的【开始】菜单中选择【所有程序】/【CorelDRAW Graphics Suite X3】/【CorelDRAW X3】命令，启动 CorelDRAW X3。启动后的界面如图 2-1 所示。

图2-1 启动后的 CorelDRAW X3 界面

(2) 选择【文件】/【新建】命令即可创建一个新的文件。新建文件的名称可以在软件的标题栏中查看，如图 2-2 所示。

图2-2 新建文件后的界面

除了上述方法外，还有如下几种新建文件的方法。

- 在第一次启动 CorelDRAW X3 时，会弹出该软件的欢迎屏幕，在欢迎屏幕中单击【新建】图标即可创建一个新文件。

要点提示　　若希望在启动时跳过欢迎屏幕，可以取消勾选欢迎屏幕左下角的【启动时显示这个欢迎屏幕】复选框，如图 2-3 所示。

图2-3 CorelDRAW X3 的欢迎屏幕

- 进入 CorelDRAW X3 以后，单击工具栏中的 按钮，可以创建一个新文件。
- 进入 CorelDRAW X3 以后，按 Ctrl+N 组合键可以快速创建一个新文件。

案例小结

本节主要介绍了几种新建图形文件的方法，常用的方法是利用快捷键进行新建，希望读者能够灵活掌握。

2.1.2 从模板创建图形文件

模板是预先定义的一组信息，它包含页面大小、方向、标尺位置、网格、辅助线等信息，模板也可以包括可修改的图形和文本。用户可以使用 CorelDRAW X3 中预置的模板或自己定义并存储的模板创建一个新文件，以加快绘制图形的速度。

【例2-2】 【从模板新建】命令的使用。

利用【文件】/【从模板新建】命令创建一个新文件，创建的新文件如图 2-4 所示。

图2-4 利用【从模板新建】命令创建文件

操作步骤

(1) 选择【文件】/【从模板新建】命令，弹出如图 2-5 所示的对话框。

图2-5　【从模板新建】对话框

(2) 在【从模板新建】对话框中选择【全页面】选项卡，在下面的文件列表中选择文件名
为"凉亭图案传单"的模板文件，单击 确定 按钮即可利用模板创建一个如图 2-4
所示的新文件。

2.1.3　打开图形文件

选择【文件】/【打开】命令（快捷键为 Ctrl+O）打开 CorelDRAW X3 中自带的一个名
为"Sample2.cdr"的图形文件，如图 2-6 所示。

【例2-3】　【打开】命令的使用。

操作步骤

(1) 选择【文件】/【打开】命令，弹出如图 2-7 所示的【打开绘图】对话框。

图2-6　打开的图形文件

图2-7　【打开绘图】对话框

　　若读者的计算机中的【打开绘图】对话框显示的画面和图 2-7 不一样，那么为了进行
下面的操作，可单击左侧"我的电脑"图标，切换到"我的电脑"目录。

(2) 单击【打开绘图】对话框中的【查找范围】下拉列表框右侧的 ▼ 按钮，弹出如图 2-8
所示的下拉列表。

(3) 在【查找范围】下拉列表中选择【本地磁盘（C:）】选项，【打开绘图】对话框的文件
目录中将显示如图 2-9 所示的文件夹与文件。

图2-8 【查找范围】下拉列表   图2-9 本地磁盘（C：）中包含的文件夹与文件

(4) 选择名为 "Program Files" 的文件夹，单击 [打开] 按钮，则显示 "Program Files" 文件夹中包含的内容，如图 2-10 所示。

(5) 在 "Program Files" 文件夹中选择名为 "Corel" 的文件夹，单击 [打开] 按钮。此后以相同方式依次打开 "CorelDRAW Graphics Suite 13\Draw\Samples" 文件夹，图 2-11 所示为 "Samples" 文件夹中的内容。

图2-10 "Program Files" 文件夹中包含的内容   图2-11 "Samples" 文件夹中包含的内容

(6) 在 "Samples" 文件夹中选择名为 "Sample2" 的文件，然后单击 [打开] 按钮。此时，CorelDRAW X3 的工作区域中显示打开的图形文件，如图 2-12 所示。

拓展知识

    本小节主要介绍了打开图形文件的方法，【打开绘图】对话框如图 2-13 所示。【打开绘图】对话框中有几个按钮需要读者注意，下面进行详细介绍。

图2-12 打开的图形文件   图2-13 【打开绘图】对话框

- 【转到访问的上一个文件夹】按钮⊙：单击此按钮，可以回到上一次访问的文件夹。如果刚打开【打开绘图】对话框，还没有访问过任何文件夹，则此按钮不可用。
- 【向上一级】按钮⊡：单击此按钮，可以按照搜寻过的文件路径依次返回到上一次访问的文件夹中。当【查找范围】中显示为"桌面"选项时，此按钮不可用。
- 【创建新文件夹】按钮⊡：单击此按钮，可在当前目录下新建一个文件夹。
- 【"查看"菜单】按钮▦▾：单击此按钮，可以设置文件或文件夹在对话框文件目录中的显示状态，包括"图标"、"平铺"、"列表"、"详细信息"、"缩略图"等。

2.1.4 存储图形文件

介绍两种方式对图形文件进行存储。

【例2-4】 动手绘制一个图形，然后将其保存。

 操作步骤

1. 直接保存

当绘制完成一个图形后，可以将绘制的图形直接保存，具体操作步骤如下。

(1) 选择【文件】/【保存】命令（快捷键为 Ctrl+S），弹出如图 2-14 所示的【保存绘图】对话框。

(2) 在该对话框中的【保存在】右侧单击▾按钮，在下拉列表中选择【本地磁盘（D:）】选项，然后单击⊡按钮，创建一个新文件夹，如图 2-15 所示。

(3) 将创建的新文件夹命名为"保存绘图"。

(4) 双击刚创建的"保存绘图"文件夹，将其打开，然后在【文件名】组合框中输入"图形设计"，如图 2-16 所示。

图2-14 【保存绘图】对话框

图2-15 创建的新文件夹

图2-16 为文件命名

(5) 输入文件名称后，单击 保存 按钮即可保存绘制完成的文件。以后根据保存的文件名称及路径就可以找到并打开此文件。

2. 另一种存储图形的方法

(1) 选择【文件】/【打开】命令，在弹出的【打开绘图】对话框中打开 CorelDRAW X3 自带的"Sample2.cdr"文件，如图 2-17 所示。

(2) 在工具箱中单击 字 按钮，将鼠标指针放置在工作区域中图形的右下角并单击，将输入
法切换到中文状态，然后输入文字"汽车效果展示"，如图 2-18 所示。

图2-17 打开的图形

图2-18 输入文字

(3) 选择【文件】/【另存为】命令（快捷键为 Ctrl+Shift+S），弹出如图 2-19 所示的【保存
绘图】对话框。

(4) 在【保存绘图】对话框中单击【保存在】右侧的 按钮，在下拉列表中选择【本地磁
盘（D：）】选项。打开前面创建的文件夹"保存绘图"，在【文件名】组合框中输入
"图形设计修改"作为文件名，如图 2-20 所示。

图2-19 【保存绘图】对话框

图2-20 为文件命名

(5) 输入文件名称后，单击 保存 按钮即可将修改后的图形保存了。

案例小结

文件的保存操作主要包括【保存】和【另存为】两种方式。对于将新建的文件编辑后
保存而言，使用【保存】和【另存为】命令的性质是一样的，都是为当前文件命名并进行存
储。但对于将打开的文件编辑后再保存而言，就要分清使用【保存】命令还是使用【另存
为】命令。【保存】命令是将改动后的文件以原文件名进行保存，而【另存为】命令是将修
改后的文件重新命名并进行另存。

2.1.5 导入文件

在 CorelDRAW X3 中可以打开扩展名为".cdr"的文件，但是若想将其他格式的文件置
入到 CorelDRAW X3 中（如将"PSD"、"TIF"、"JPG"、"BMP"等格式的图像文件置入到
CorelDRAW X3 中），这时应该使用【导入】命令。选择【文件】/【导入】命令（快捷键为
Ctrl+I）或在工具栏中单击【导入】按钮 。

【例2-5】 【导入】命令的使用。

利用【文件】/【导入】命令导入名为 "Sample2.jpg" 的图像文件。

 操作步骤

(1) 选择【文件】/【导入】命令，弹出如图 2-21 所示的对话框。

(2) 在【查找范围】右侧单击 按钮，选择名为 "Sample2.jpg" 的文件，然后单击 导入 按钮。

(3) 将鼠标指针移动到工作区域中，当鼠标指针显示为如图 2-22 所示的带文件名称 "Sample2.jpg" 的图标时单击，即可将图像文件导入当前工作区域中。导入后的图像文件如图 2-23 所示。

图2-21 【导入】对话框

图2-22 带文件名称的鼠标指针状态

图2-23 导入后的图像文件

 在第（3）步的操作中，当鼠标指针显示为带文件名称的图标时，也可以使用拖曳的方式让导入的图像符合拖曳框的大小。

拓展知识

本小节主要介绍了将其他格式的文件导入到 CorelDRAW X3 中的方法，并以导入 JPEG 格式的图片文件为例进行了介绍。在导入文件时，【导入】对话框右下角有一个下拉列表，如图 2-24 所示，下面对其进行详细介绍。

- 【全图像】：对图像不进行修改，可将所选图像全部导入。
- 【裁剪】：在弹出的【裁剪图像】对话框中可以设定导入图像的裁剪范围，如图 2-25 所示。

图2-24 【全图像】的下拉列表

在【裁剪图像】对话框的图像预览框中，将鼠标指针放到黑色实心矩形处。当鼠标指针切换为双向箭头形式时，拖曳即可手动修改导入图像的范围。

在【选择要裁剪的区域】选项组中可以通过输入数值的方式修改导入图像的范围。

【上】：设置裁剪矩形框上边缘与原图上边缘的距离。

【左】：设置裁剪矩形框左边缘与原图左边缘的距离。

【宽度】：设置裁剪后图像的宽度。

【高度】：设置裁剪后图像的高度。

【单位】：设置输入数值时使用的单位。

全选(S) 按钮：单击该按钮后，裁剪矩形框大小复位为原图大小。

- 【重新取样】：在弹出的【重新取样图像】对话框中可以设定导入图像的大小和分辨率，如图 2-26 所示。

图2-25　【裁剪图像】对话框　　　　　　　　图2-26　【重新取样图像】对话框

2.1.6　导出文件

用户若想将在 CorelDRAW X3 中绘制的图形转到其他软件中进行编辑处理，可以使用【导出】命令（快捷键为 Ctrl+E）。CorelDRAW X3 可以将文件导出为多达 38 种其他格式的文件，导出的文件可以在相应的应用程序中打开。

【例2-6】　【导出】命令的使用。

利用【文件】/【导出】命令将文件以其他格式导出，操作步骤如下。

 操作步骤

(1) 选择【文件】/【打开】命令，打开名为"装饰画"的文件。

(2) 选择【文件】/【导出】命令，弹出如图 2-27 所示的【导出】对话框。

 要点提示　在导出图形时，如果没有任何图形处于选择状态，系统会将当前文件中的所有图形导出。如果先选择了要导出的图形，并在弹出的【导出】对话框中勾选【只是选定的】复选框，系统只会将当前选择的图形导出。

(3) 单击【保存在】右侧的 ∨ 按钮，在弹出的下拉列表中选择【本地磁盘（D：）】选项，在 D 盘中选择在 2.1.4 节中创建的"保存绘图"文件夹作为存储文件的文件夹。

(4) 在【文件名】组合框中输入"位图 001"，如图 2-28 所示。

图2-27 【导出】对话框

图2-28 输入"位图001"

(5) 单击【保存类型】右侧的 ∨ 按钮，在弹出的下拉列表中选择"JPG-JPEG Bitmaps"格式，如图 2-29 所示。单击 ▢ 导出 ▢ 按钮，弹出如图 2-30 所示的【转换为位图】对话框。

图2-29 【保存类型】下拉列表

图2-30 【转换为位图】对话框

(6) 保持默认的设置，单击 ▢ 确定 ▢ 按钮，在随后弹出的【JPEG 导出】对话框中单击 ▢ 确定 ▢ 按钮，完成文件的导出。

案例小结

【保存类型】下拉列表中有几种常用的导出格式，包括 AI、JPEG、PSD 和 TIFF。本书第 1 章对文件的格式已经进行了非常详细的介绍，这里不再赘述。

2.2 页面的设置

在所有设计工作开始以前，首先要根据具体的设计需要对图形文件进行页面设置。页面设置内容主要有页面大小、方向、版面布局、标尺、网格、辅助线等。

命令简介

- 【视图】/【网格和标尺设置】命令：利用此命令可以在弹出的【选项】对话框中设置网格的距离和标尺的原点、微调距离等参数。
- 【视图】/【辅助线设置】命令：利用此命令可以在弹出的【选项】对话框中设置辅助线在视图中的位置、显示颜色等参数。

- 【视图】/【贴齐对象设置】命令：利用此命令可以在弹出的【选项】对话框中设置在与其他对象贴齐的过程中的捕捉模式等参数。
- 【视图】/【标尺】命令：在工作区域中显示或隐藏标尺。
- 【视图】/【网格】命令：在工作区域中显示或隐藏网格。
- 【视图】/【辅助线】命令：在工作区域中显示或隐藏辅助线。
- 【视图】/【贴齐网格】命令：使绘制的图形与网格贴齐。
- 【视图】/【贴齐辅助线】命令：使绘制的图形与辅助线贴齐。
- 【视图】/【贴齐对象】命令：使绘制的图形与其他对象贴齐，贴齐的方式有很多种模式。

2.2.1　设置页面大小

绘制图形的第一步是设置页面的大小和方向。根据具体的设计要求，可以在属性栏中对页面进行设置。

【例2-7】　利用属性栏设置页面。

　操作步骤

(1) 启动 CorelDRAW X3 后，新建一个文件，在默认情况下，属性栏的状态如图 2-31 所示。

图2-31　默认的属性栏状态

> 要点提示
>
> 当未选取图形对象，且处于使用【挑选】工具时，属性栏会切换到该状态。

(2) 单击 [A4　　] 右边的 ∨ 按钮，弹出【纸张类型/大小】下拉列表，在下拉列表中选择【A3】选项。
(3) 在属性栏中单击 ▢ 按钮，设置页面为"横向"。
(4) 单击【单位】右边的 ∨ 按钮，在弹出的下拉列表中选择【毫米】选项，设置设计中使用的度量单位为"毫米"。

　拓展知识

下面介绍属性栏中各选项的使用。

- 【纸张类型/大小】[A4　　] ：在这里设置页面的大小，下拉列表中有已经预设好的幅面。如果没有符合要求的幅面，可以选择"自定义"选项，然后自行设置。
- 【纸张宽度和高度】[210.0 mm / 297.0 mm] ：通过在数值框中输入数据的方式自定义页面的大小。
- 【纵向】/【横向】 ▢▢ ：修改页面的纵横方向。
- 【绘图单位】单位:毫米 ∨ ：设置文件在设计过程中或界面中数据显示使用的单位。

- 【微调偏移】 2.54 mm：当使用键盘上的方向键来进行距离上的微调时，在这里设置按一次方向键进行微调的距离。
- 【再制距离】 6.35 mm / 6.35 mm：当按 Ctrl+D 组合键或使用相关工具时，在这里设置再制后的对象与原对象之间在纵、横方向上的距离。
- ：辅助工具的开启切换，分别为【贴齐网格】、【贴齐辅助线】、【贴齐对象】及【动态导线】。
- 【移动或变换时绘制复杂对象】 ：若此按钮处于激活状态，则在移动或变换图形时，将显示移动图形中每个对象的外轮廓。若此按钮未被激活，则在移动或变换图形时，只显示移动图形中所有对象组成整体的外轮廓。
- 【视为已填充】 ：此按钮处于激活状态时，会将未填充的图形看作已填充，无论单击图形的边缘还是内部都可以将图形选中。若此按钮未被激活，则只能单击图形的边缘来选择未填充的图形。
- 【选项】 ：单击此按钮可以弹出【选项】对话框，进行更多的页面设置。

2.2.2 添加页面并重命名

在编排多页面的文件时（如企业 VI 设计、宣传册设计等），一般需要进行页面的添加及重命名等操作，下面对其进行具体讲解。

【例2-8】 添加页面并重命名的方法。

 操作步骤

(1) 新建一个图形文件。

(2) 选择【版面】/【插入页】命令，在弹出的【插入页面】对话框中的【插入】数值框中将数值设置为"3"，如图 2-32 所示。

图2-32 【插入页面】对话框

(3) 单击 确定 按钮即可在当前页的后面添加 3 个页面，此时的页面控制栏如图 2-33 所示。

|◀ ◀ 2/4 ▶ ▶| 页 1 \ 页 2 / 页 3 / 页 4

图2-33 添加页面后的页面控制栏

(4) 选择【版面】/【转到某页】命令，弹出【定位页面】对话框，将页面设置为"1"，如图 2-34 所示。

(5) 单击 确定 按钮即可将"页 1"设置为当前页面。

(6) 选择【版面】/【重命名页面】命令，弹出【重命名页面】对话框，将页名设置为"效果一"，如图 2-35 所示。

图2-34 【定位页面】对话框

图2-35 【重命名页面】对话框

(7) 单击 确定 按钮即可将"页 1"重命名为"效果一"，如图 2-36 所示。

图2-36 添加页面后的页面控制栏

(8) 用与步骤 (4)~(7) 相同的方法将"页 2"重命名为"效果二"。

(9) 选择【版面】/【删除页面】命令,弹出【删除页面】对话框,将【删除页面】设置为 "4",如图 2-37 所示。

(10) 单击 确定 按钮即可将"页 4"删除,如图 2-38 所示。

图2-37 【删除页面】对话框

图2-38 删除"页 4"后的页面控制栏

(11) 选择【版面】/【删除页面】命令,在弹出的【删除页面】对话框中勾选【通到页面】 复选框,然后设置页面参数如图 2-39 所示。

(12) 单击 确定 按钮,即可将"页 3"和"页 4"删除,如图 2-40 所示。

图2-39 【删除页面】对话框参数设置

图2-40 删除页面后的页面控制栏

拓展知识

除了利用【版面】菜单下的命令对页面进行设置外,还可利用页面控制栏来进行设置。页面控制栏位于界面窗口的左下方,主要显示当前页码、页总数等信息,添加页面后的页面控制栏如图 2-41 所示。

图2-41 页面控制栏

- 当单击 |◄ 按钮时,可以由当前页面直接返回到第一页。相反,当单击 ►| 按钮时,可以由当前页面直接转到最后一页。

- 单击 ◄ 按钮一次,可以由当前页面向前跳动一页。例如,当前窗口所显示的页面为"页 4",单击 ◄ 按钮一次,此时窗口显示页面为"页 3"。

- 定位页面显示当前页码和图形文件中的页面数量。前面的数字为当前页的序号,后面的数字为文件中页面的总数量,如 2/3 表示文件中共有 3 个页面,当前窗口显示的是"页 2"。单击定位页面按钮,可在弹出的【定位页面】对话框中指定要跳转的页面序号。

- 单击 ► 按钮一次,可以由当前页面向后跳动一页。例如,当前窗口所显示的页面为"页 2",单击 ► 按钮一次,此时窗口显示页面为"页 3"。

- 当图形文件中只有一个页面时,单击 + 按钮可以在当前页面的前面或后面添加一个页面。当图形文件中有多个页面且第一页或最后一页为当前页面时,单击 + 按钮可在第一页之前或最后一页之后添加一个新的页面。每单击 + 按钮一次,文件将增加一页。

2.2.3　设置标尺、辅助线及网格

在图形设计的过程中经常会使用到标尺、辅助线、网格等辅助工具，利用这些辅助工具对图形进行定位和贴齐，可以使绘制的图形更加精确。

1．标尺

标尺的用途是给当前图形一个参照，用于度量图形的尺寸，同时对图形进行辅助定位，使图形的设计更加方便、准确。

(1) 显示与隐藏标尺。

选择【视图】/【标尺】命令即可将标尺显示。当标尺处于显示状态时，再次选择此命令即可将其隐藏。

(2) 移动标尺。

- 按住 Shift 键，将鼠标指针移动到水平标尺或垂直标尺上，按下鼠标左键并拖曳（见图 2-42）即可移动标尺。移动后的效果如图 2-43 所示。

图2-42　拖曳鼠标1

图2-43　移动其中一个标尺

- 按住 Shift 键，将鼠标指针移动到水平标尺和垂直标尺相交的 图标上，按下鼠标左键并拖曳，如图 2-44 所示，可以同时移动水平标尺和垂直标尺。移动后的效果如图 2-45 所示。

图2-44　拖曳鼠标2

图2-45　同时移动两个标尺

- 当标尺在绘图窗口中的位置改变后，按住 Shift 键的同时双击标尺或水平标尺和垂直标尺相交的 图标，可以恢复标尺在绘图窗口中的默认位置。

(3) 更改标尺的原点。

- 移动鼠标指针到标尺左上角的 图标上，按住鼠标左键并向右下方拖曳，出现一组十字虚线，如图 2-46 所示。在适当的位置释放鼠标左键，标尺的原点位置被更改到鼠标释放处，如图 2-47 所示。

- 移动标尺的原点后，双击水平标尺和垂直标尺相交的 图标，即可将标尺的原点位置复原到默认状态。

图2-46 拖曳鼠标

图2-47 调整标尺原点后的状态

选择【视图】/【网格和标尺设置】命令，在弹出的【选项】对话框的左侧选择【文档】/【标尺】选项，在右侧的选项组中可以设置标尺的其他参数，如图 2-48 所示。

图2-48 【选项】对话框

2. 辅助线

利用辅助线也可以帮助用户准确地对图形进行定位和对齐。在系统默认状态下，辅助线是浮在整个图形上不可打印的线。

选择【视图】/【贴齐辅助线】命令，命令状态为 ✔ 贴齐辅助线(U)，表示开启辅助线捕捉模式，这样在绘图中才可使用辅助线来定位对象。

(1) 添加辅助线。

- 将鼠标指针移动到水平标尺或垂直标尺上，按住鼠标左键并拖曳，即可出现水平或垂直的虚线，如图 2-49 所示。在适当的位置释放鼠标左键，这样可以快速地在绘图窗口中添加一条水平或垂直的辅助线，如图 2-50 所示。

图2-49 拖曳垂直辅助线

图2-50 添加的垂直辅助线

- 要在绘图窗口中精确地添加辅助线，可以选择【视图】/【辅助线设置】命令，然
  后在弹出的【选项】对话框的左侧区域中选择【水平】或【垂直】选项。在【选
  项】对话框右侧上方的文本框中输入相应的参数后（见图 2-51），单击 [添加(A)]
  按钮，然后单击 [确定] 按钮即可添加一条辅助线。

(2) 移动辅助线。

利用【挑选】工具 ▷ 在要移动的辅助线上单击，将其选择（此时辅助线显示为红色）。
当鼠标指针显示为双向箭头时，按下鼠标左键并拖曳，即可改变辅助线的位置，如图 2-52
所示。

图2-51 【选项】对话框

图2-52 移动辅助线

(3) 旋转辅助线。

将添加的辅助线选择，并在选择的辅助线上再次单击，将出现旋转控制柄，如图 2-53
所示。将鼠标指针移动到旋转控制柄上，按下鼠标左键并拖曳，可以将添加的辅助线进行旋
转，如图 2-54 所示。

图2-53 拖曳垂直辅助线

图2-54 旋转垂直辅助线

(4) 删除辅助线。

将需要删除的辅助线选择，然后按 [Delete] 键。或在需要删除的辅助线上单击鼠标右
键，并在弹出的快捷菜单中选择【删除】命令，也可将选择的辅助线删除。

3. 网格

网格是由显示在屏幕上的一系列相互交叉的虚线构成的，利用它可以精确地在图形与
图形之间、图形与当前页面之间进行定位。

(1) 显示与隐藏网格。

选择【视图】/【网格】命令即可在绘图窗口中显示网格。当网格处于显示状态时，再
次选择此命令即可将网格隐藏。

(2) 网格的间距设置。

选择【视图】/【网格和标尺设置】命令，在弹出的【选项】对话框中选中【频率】单选项，如图 2-55 所示，然后在其下面的【频率】选项组中设置水平和垂直方向上每毫米内网格的数量。选中【间距】单选按钮，可以在其下面的【间隔】选项组中设置水平和垂直方向上网格之间的距离，单位为毫米。设置完成后单击 确定 按钮，相应的参数设置会反映在显示的网格上，如图 2-56 所示。

图2-55 【选项】对话框

图2-56 更改后的网格

选择【视图】/【贴齐网格】命令即可开启网格捕捉模式。单击工具箱中的 按钮，鼠标指针附近会出现捕捉锁定标记，如图 2-57 所示。图 2-58 所示为以捕捉网格方式绘制的矩形。

图2-57 网格捕捉锁定图标

图2-58 以捕捉网格方式绘制的矩形

 要点提示

如果在绘制过程中没有显示捕捉锁定标记，则可以选择【视图】/【贴齐对象设置】命令，在弹出的【选项】对话框中勾选【显示贴齐位置标记】复选框，即可在绘制过程中显示捕捉标记。

2.2.4 视图的缩放与平移

在设计的过程中，用户可以对绘制的图形进行缩放、平移等操作，来查看绘图的整体效果或某一个局部的放大效果，使图形对象更加精确。

【例2-9】 【缩放】工具和【手形】工具的使用。

利用【缩放】工具和【手形】工具对视图进行查看。

 操作步骤

(1) 选择【文件】/【打开】命令，打开名为"立体字母.cdr"的文件，如图 2-59 所示。

29

(2) 单击工具箱中的 按钮，移动鼠标指针到工作区域中。当鼠标指针显示为 时，拖曳出一个虚线矩形框，如图2-60所示。

图2-59 打开的"立体字母.cdr"文件

图2-60 拖曳出虚线矩形框

(3) 释放鼠标，可将矩形虚线框所选的区域放大显示，如图2-61所示。

> **要点提示** 在使用 工具时，按住 Shift 键，当鼠标指针显示为 时，在工作区域中单击，可以缩小视图显示；直接在工作区域中单击，可以放大视图显示；单击鼠标右键，可以缩小视图显示。除了上面介绍的缩小视图显示的方法外，还可以使用 F3 键缩小视图。

(4) 按住 按钮，在弹出的隐藏工具组中选择 工具。移动鼠标指针到工作区域中，当鼠标指针变为 时，按住鼠标左键并拖曳，可以平移视图来观察视图中其他部分的图形。平移视图的状态如图2-62所示。双击即可放大视图显示；单击鼠标右键，可以缩小视图显示。

图2-61 放大后的画面

图2-62 平移视图

 拓展知识

本小节介绍了视图的缩放和平移方法，选择了【缩放】工具后，属性栏将自动切换为如图2-63所示的状态，下面介绍属性栏中各选项的使用方法。

图2-63 【缩放】工具属性栏

- 【缩放级别】 100% ：单击 按钮，在弹出的下拉列表中可以选择相应的缩放级别。
- ：可切换为"放大"或"缩小"模式。
- 【缩放选定范围】 ：单击此按钮，会将选择的对象最大化显示。也可以按 Shift+F2 组合键来最大化显示选择的对象。在没有对象被选择时，该按钮显示为灰色，表示不可使用。

- 【缩放全部对象】：单击此按钮会将工作区域中的全部对象最大化显示，也可以使用 F4 键来最大化显示工作区域中的全部对象。
- 【显示页面】：单击此按钮，只最大化显示工作区域中的可打印区域。
- 【按页宽显示】：按页面的宽度来显示视图。
- 【按页高显示】：按页面的高度来显示视图。

2.2.5　设置视图查看方式

CorelDRAW X3 提供了 6 种视图查看方式，针对不同的显示需求，可以设置不同的查看方式。这 6 种查看方式分别是【简单线框】、【线框】、【草稿】、【正常】、【增强】及【使用叠印增强】，如图 2-64 所示，菜单中在当前使用的查看方式前用 进行标记。

图2-64　6 种视图查看方式

下面介绍各种查看方式。

(1)　【简单线框】查看方式。

该查看方式是最简单、最快的视图查看方式。在这种查看方式下，图形对象只显示其轮廓，对象的颜色填充、立体化设置、中间调和效果均不显示。位图图像则以单色模式显示，当文件对象过于复杂时，可以使用该查看方式来提高绘图显示速度。图 2-65 所示为同一图形文件的【正常】查看方式与【简单线框】查看方式的显示效果。

矢量图形　　　　　　　位图图像　　　　　　　矢量图形　　　　　　　位图图像

图2-65　同一图形文件的【正常】与【简单线框】查看方式

(2)　【线框】查看方式。

在【线框】查看方式下，不显示图形的填充效果，但显示对象轮廓、立体透视图、中间调和效果等。位图图像以单色模式显示，如图 2-66 所示。

(3)　【草稿】查看方式。

在【草稿】查看方式下，以低分辨率视图和标准填充显示图形对象和位图图像。图 2-67 所示为【草稿】查看方式的显示效果，对象的填充效果以特殊的样式来代替。

矢量图形　　　　　　　位图图像　　　　　　　矢量图形　　　　　　　位图图像

图2-66　【线框】查看方式　　　　　　　　　图2-67　【草稿】查看方式

（4）　【正常】查看方式。

在【正常】查看方式下，除了不显示 PostScript 填充效果外，可以显示所有对象的填充效果、调和效果、立体化效果以及高分辨率的位图，这是最常用的视图查看方式。在【正常】查看方式下，PostScript 填充效果会以 PS 字样的形式进行显示。当需要查看 PostScript 填充效果时，可以将查看方式切换为【增强】方式。图 2-68 所示为【正常】查看方式的显示效果。

（5）　【增强】查看方式。

【增强】查看方式是很好的视图查看方式，可以显示所有对象的填充效果、调和效果、立体化效果等特殊效果，位图也以高分辨率显示，尤其是只有这种查看方式可以显示对象填充的 PostScript 效果，但是这时计算机的绘图显示速度会明显降低。图 2-69 所示为【增强】查看方式的显示效果。

矢量图形　　　　　　位图图像　　　　　　　　矢量图形　　　　　　位图图像

图2-68　【正常】查看方式　　　　　　　　图2-69　【增强】查看方式

（6）　【使用叠印增强】查看方式。

【使用叠印增强】查看方式是 CorelDRAW X3 新增的命令，"叠印"是印刷输出的专业术语，在图形输出时设置"叠印位图"，可以使每一种颜色都具有叠印效果，从而保证色块的边缘不会出现露白或因套版不准而露出其他颜色边缘的现象。使用【使用叠印增强】查看方式可以很直观地预览套印的效果。

 习题

操作题

反复练习 2.2.3 小节中的操作，熟练掌握标尺、辅助线与网格的设置方式。

第 2 章　CorelDRAW X3 基本操作

32

第3章 图形绘制与编辑工具

本章主要介绍如何在 CorelDRAW X3 中绘制基本几何图形和自由曲线，并介绍对绘制好的图形进行编辑时所用到的工具与命令。CorelDRAW X3 提供了用于绘制矩形、正方形、椭圆形、圆形、圆弧、多边形、星形等图形的基本几何图形工具，还提供了用于绘制自由线条以及相对复杂的图形的手绘、贝塞尔、钢笔等工具。另外，当用户需要对绘制好的图形进行调整时，可以使用形状调整工具进行局部或整体调整。

- 掌握基本几何图形的绘制方法。
- 掌握自由曲线的绘制方法。
- 掌握图形形状的调整方法。
- 学会使用度量工具。

3.1 基本形状的绘制

CorelDRAW X3 中的图形分为几何图形与自由曲线。几何图形绘制工具包括【矩形】工具、【椭圆形】工具、【多边形】工具、【星形】工具及【图纸】工具、【螺纹】工具、【基本形状】工具等。利用【形状】工具调整几何图形时，属性栏与绘制该几何图形的工具的属性栏相同。

3.1.1 【矩形】工具和【3点矩形】工具

1. 【矩形】工具

利用【矩形】工具可以绘制矩形、正方形和圆角矩形。单击工具箱中的 按钮（快捷键为 F6），在工作区域中绘制矩形的过程如图 3-1 所示。

另外，双击 按钮即可创建一个与打印区域等大的矩形。

图3-1 绘制矩形的过程

在使用 工具时，经常会结合键盘上的组合键，下面对这些组合键进行介绍。

- 按住 Shift 键的同时在工作窗口中按住鼠标左键并拖曳，即可以单击处为矩形的中心向外绘制矩形。
- 按住 Ctrl 键的同时在工作窗口中按住鼠标左键并拖曳，即可以单击处为矩形的一个顶点绘制正方形。
- 按住 Shift+Ctrl 组合键的同时绘制矩形，即可以单击处为矩形的中心向外绘制正方形。

要点提示 这些组合键对其他基本图形绘制工具同样有效。

2. 【3点矩形】工具

在 ▢ 工具上按住鼠标左键不放，在弹出的隐藏工具组中选择 ▢ 工具，即可将其选择。利用【3点矩形】工具可以直接绘制倾斜的矩形、正方形和圆角图形等。选择 ▢ 工具后，在工作区域中绘制矩形的过程如图3-2所示。

| 确定矩形的一个顶点 | 按住鼠标左键并拖曳，确定矩形的宽度 | 释放左键后移动鼠标，确定矩形的高度 | 单击鼠标左键，完成绘制 |

图3-2 使用【3点矩形】工具绘制矩形的过程

要点提示 在绘制3点矩形之前，按住 Ctrl 键并拖曳，可以绘制倍增为15°的倾斜矩形。

拓展知识

选择了 ▢ 工具、▢ 工具或选择绘制的矩形后，属性栏会切换为如图3-3所示的状态。属性栏中还提供了很多选项和按钮，下面进行详细介绍。

| x: .0 mm | ↔ 100.0 mm | 70.8 % | 🔒 | ⟲ .0 ° | ⤢ | 0 | 0 | 🔒 | 🗐 | 🌫 发丝 ▾ | ⟲ ⟳ ○ |
| y: .0 mm | ↕ 150.0 mm | 152.8 % | | | | | | | | | |

图3-3 【矩形】工具属性栏

- 【对象位置】 x: .0 mm / y: .0 mm：文本框中显示的是选择的对象在页面中的位置，数值分别代表 x 轴和 y 轴的坐标数值，也可以通过输入数值的方式将选择的对象进行精确定位。

- 【对象大小】 100.0 mm / 150.0 mm：文本框中显示的是选择对象的宽度和高度，也可以通过输入数值的方式精确设置选择的对象的大小。

- 【缩放因素】 100.0 % / 100.0 %：通过输入数值的方式来缩放选择的对象。当锁定按钮处于 🔒 状态时，表示宽度与高度成比例缩放。单击 🔒 按钮使其变为 🔓 状态，从而切换为单独改变宽度与高度的缩放因素。

- 【旋转角度】 ⟲ .0 °：通过输入数值的方式来旋转选择的对象。在文本框中输入旋转角度值即可。

- 【镜像】 ⤢ ⤡：分为水平镜像和垂直镜像。单击相应的按钮即可执行相应的镜像操作。

- 边角圆滑度 ▢ 0 ⇕ ▢ 0 ⇕ 🔒：用于设置矩形4个边角的圆滑度。4个数值框分别对应矩形的4个边角。输入的数值代表边角的圆滑度。输入的数值范围为"0～100"，圆角大小为较短边边长乘以百分数的一半。输入的数值必须为整数，如果不为整数，软件会自动进行四舍五入。单击微调按钮一次，数值会以一个百分点的跨度增大或减小。当缩定按钮处于 状态时，表示 4 个角同时变化，单击 按钮即可切换为单独控制各个边角的圆滑度。图 3-4 所示为边角圆滑度分别为 "50" 和 "100" 的圆角矩形。

圆角大小为"50"　　　　圆角大小为"100"

图3-4　边角圆滑度分别为"50"和"100"的圆角矩形

　　圆角化矩形除了可通过在属性栏中输入数值调整外，还可以使用工具箱中的 工具来手工调整圆角程度。具体操作参见 3.3.1 小节的内容。

- 【段落文本换行】 ：当选择的图形对象周围环绕段落文本时，单击该按钮，在弹出的列表中可以设置段落文本环绕图形的方式以及段落文字与图形轮廓的距离等。
- 【轮廓宽度】 发丝 ：设置选择的图形对象的轮廓宽度。单击 按钮，在弹出的下拉列表中可以选择软件预设的宽度，也可以通过输入数值的方式修改轮廓的宽度。
- 【到图层前面】/【到图层后面】 ：当有多个图形对象重叠时，可以修改对象间的叠放顺序。单击相应的按钮可以设置将选择的对象移到当前图层所有对象的最前面或最后面。
- 【转换为曲线】 ：单击该按钮可以将矩形转换为曲线，转换后属性栏相应地切换为编辑曲线的参数控制状态。

3.1.2　【椭圆形】工具和【3 点椭圆形】工具

【椭圆形】工具 与【3 点椭圆形】工具 也是经常使用的图形创建工具，使用方法与【矩形】工具和【3 点矩形】工具相似，这里不再赘述，其属性栏如图 3-5 所示。下面对该属性栏中与【矩形】工具属性栏不同的选项进行介绍。

图3-5　【椭圆形】工具属性栏

- 【椭圆形】 ：单击此按钮可绘制椭圆形。
- 【饼形】 ：单击此按钮可绘制饼形。选择绘制好的椭圆形，单击此按钮可以将椭圆形转换为饼形。
- 【弧形】 ：单击此按钮可绘制弧形。选择绘制好的椭圆形，单击此按钮可以将椭圆形转换为弧形。
- 【起始和结束角度】 ：设定椭圆形、饼形和弧形的起始角度与结束角度。
- 【顺时针/逆时针弧形或饼图】 ：当选择的对象是饼形或弧形时，该按钮才可用。单击该按钮后，会得到与所选图形的起始角度和结束角度相反的饼形或弧形。

3.1.3 【多边形】工具

在 CorelDRAW X3 中可以使用 工具（快捷键为 $\boxed{Y}$）绘制多边形，通过设置多边形和星形的边数来绘制不同形态的多边形。【多边形】工具的属性栏如图 3-6 所示。该属性栏中与其他图形绘制工具的属性栏相同的参数不再进行介绍，下面介绍不同参数的设定方法。

图3-6 【多边形】工具属性栏

【多边形、星形和复杂星形的点数或边数】 5 ：设置多边形的边数。

3.1.4 【星形】工具和【复杂星形】工具

CorelDRAW X3 对【星形】工具进行了改进，增加了【复杂星形】工具。图 3-7 所示为星形与复杂星形的效果。

图3-7 星形与复杂星形的效果

要点提示

需要注意的是，复杂星形中的相交区域不能填充颜色。

1. 【星形】工具

【星形】工具的属性栏如图 3-8 所示。

图3-8 【星形】工具属性栏

- 【多边形、星形和复杂星形的点数或边数】 5 ：设定星形的端点个数。
- 【星形和复杂星形的锐度】 53 ：用于调整星形的边角锐度。取值范围为 "1~99"。

2. 【复杂星形】工具

【复杂星形】工具的属性栏如图 3-9 所示。【复杂星形】工具的属性栏和【星形】工具的属性栏相似，但【星形和复杂星形的锐度】选项的取值范围与使用条件有所不同。

图3-9 【复杂星形】工具属性栏

- 【多边形、星形和复杂星形的点数或边数】 7 ：设定复杂星形的端点个数。
- 【星形与复杂星形的锐度】 1 ：用于调整复杂星形的边角锐度。此选项只有在复杂星形的边数为 "7" 以上时才可以使用。取值范围与复杂星形的边数相关，边数越多，取值范围越大。

3.1.5　【图纸】工具和【螺纹】工具

使用【图纸】工具▦和【螺纹】工具◎可以绘制网格和螺旋线图形。这两个工具的属性栏中的参数必须在绘制前进行设定，绘制结束后，不能再进行修改。

1．【图纸】工具

【图纸】工具的快捷键为Ｄ，其属性栏如图 3-10 所示。

图3-10　【图纸】工具属性栏

【图纸行和列数】▦：通过输入数值的方式设定网格的行数和列数。

2．【螺纹】工具

【螺纹】工具的属性栏如图 3-11 所示。

图3-11　【螺纹】工具属性栏

- 【螺纹回圈】◎ 4：设定螺纹的圈数。
- 【对称式螺纹】和【对数式螺纹】◎◎：设定螺纹的螺旋方式。【对称式螺纹】的螺纹间距变化均匀；【对数式螺纹】的螺纹间距以渐开线形式变大，如图 3-12 所示。

图3-12　两种螺纹方式的比较

- 【螺纹扩展参数】▦ 100：设置【对数式螺纹】的螺纹间距，数值越小，螺纹线越紧密。修改方式有两种，一种是输入"0～100"的数值，另一种是拖曳数值前面的矩形滑块。

【例3-1】　绘制老式电影票。

使用【矩形】工具，并结合捕捉网格、复制、修剪等操作来设计如图 3-13 所示的电影票。

图3-13　设计的电影票

🔧 操作步骤

(1) 按 Ctrl+N 组合键新建一个图形文件。

(2) 选择【视图】/【网格和标尺设置】命令，弹出【选项】对话框，如图 3-14 所示。将【水平】与【垂直】的数值设置为"1"，然后单击 确定 按钮。

(3) 选择【视图】/【网格】命令，在工作区域中显示出网格。

(4) 单击工具箱中的▢按钮，通过捕捉网格绘制一个宽度为"36"，高度为"12"的矩形，如图 3-15 所示。

图3-14 【选项】对话框

图3-15 绘制矩形

(5) 保持矩形的选中状态，确认属性栏中 ▣ 按钮处于激活状态，将【矩形的边角圆滑度】 ⬚ 选项的任意一个参数设置为 "20"，修改好的圆角矩形如图 3-16 所示。

(6) 单击工具箱中的 ⬭ 按钮，通过网格捕捉绘制一个【宽度】为 "1"，【高度】为 "1" 的圆形，如图 3-17 所示。

图3-16 修改为圆角矩形

图3-17 绘制正圆

(7) 选择【窗口】/【泊坞窗】/【变换】/【位置】命令，将在界面右侧弹出【变换】泊坞窗，如图 3-18 所示。

(8) 选中步骤 (7) 中绘制好的圆形，将【变换】泊坞窗中的【垂直】的数值修改为 "–1.5"，然后单击 应用到再制 按钮。

(9) 连续按 Ctrl+R 组合键 7 次，将偏移并复制圆形，效果如图 3-19 所示。

图3-18 【变换】泊坞窗

图3-19 再制圆形

(10) 将所有圆形群组。

(11) 选择所有对象，单击属性栏中的 ⬚ 按钮。在弹出的【对齐与分布】对话框中勾选左侧的【中】复选框，如图 3-20 所示。单击 应用 按钮，然后单击 关闭 按钮，将两个对象垂直居中对齐。对齐效果如图 3-21 所示。

图3-20 【对齐与分布】对话框

图3-21 对齐效果

(12) 保持对象的选取状态,单击属性栏中的【后减前】按钮🖳,修剪后的效果如图 3-22 所示。

(13) 保持图形的选中状态,在工具箱中的🖋按钮上按住鼠标左键,在弹出的隐藏工具中单击【渐变填充对话框】按钮🟦,弹出【渐变填充】对话框。设置渐变颜色【从】选项右侧的颜色样本为(C:0,M:20,Y:40,K:0),【到】选项右侧的颜色样本为(C:0,M:40,Y:80,K:0),其他参数设置如图 3-23 所示,然后单击 确定 按钮。

图3-23 【渐变填充】对话框

图3-22 修剪效果

(14) 将鼠标指针移动到【调色板】上方的⊠图标上,单击鼠标右键,将图形的外轮廓去除,效果如图 3-24 所示。

(15) 利用网格捕捉绘制一个【宽度】为"26"、【高度】为"10"、【边角圆滑度】均为"20"的圆角矩形。单击【调色板】上方的⊠图标,将填充色去除,设置轮廓色为红色(C:0,M:100,Y:100,K:0),并设置轮廓宽度为"0.5mm",效果如图 3-25 所示。

图3-24 填充效果

图3-25 绘制一个矩形

(16) 绘制一个【宽度】为"26"、【高度】为"0.5"的矩形,设置填充颜色为红色(C:0,M:100, Y:100, K:0),效果如图 3-26 所示。

(17) 单击工具箱中的☆按钮,然后绘制两个五角星并群组,如图 3-27 所示。

图3-26 再绘制一个矩形

图3-27 绘制星形

(18) 单击工具箱中的🅰按钮,输入文字,最终效果如图 3-28 所示。

图3-28 最终效果

(19) 按 Ctrl+S 组合键将此文件命名为"电影票.cdr"并保存。

3.2 线形工具

CorelDRAW X3 中的自由曲线由节点、控制手柄和控制点这 3 个结构来控制曲线路径的形态,如图 3-29 所示。使用【形状】工具编辑曲线形态时,实际上是通过调整节点的位置和控制手柄的角度与长度来改变曲线路径的形态的。

本节主要介绍如何使用线形工具绘制自由线条,包括【手绘】工具、【贝塞尔】工具、【钢笔】工具、【折线】工具、【3 点曲线】工具、【艺术笔】工具、【度量】和【智能绘图】工具。

图3-29 路径的构成

3.2.1 【手绘】工具与【折线】工具

【手绘】工具与【折线】工具在使用方法上非常相似,按住鼠标左键自由拖曳即可绘制曲线,另外还可以绘制直线、连续的线段等图形。

1. 【手绘】工具

使用【手绘】工具绘制曲线的过程如图 3-30 所示。

| 单击鼠标左键确定曲线起点 | 按住鼠标左键自由拖曳即可绘制曲线,释放鼠标左键即可结束绘制 | 完成绘制后的效果 |

图3-30 绘制曲线的过程

利用【手绘】工具绘制连续线段的过程如图 3-31 所示。

| 单击鼠标左键确定线段起点 | 将鼠标指针移动到第二点处并双击,从而确定该点 | 将鼠标指针移动到第三点处并双击,从而确定该点 | 将鼠标指针移动到第四点处并单击,结束绘制 | 完成绘制后的效果 |

图3-31 绘制连续线段的过程

利用工具绘制线形时，将鼠标指针移动到起点位置，当鼠标指针显示为 ⁺ 状态时单击，可将绘制的线形闭合。

2. 【折线】工具

使用【折线】工具绘制图形的过程如图 3-32 所示。

| 单击鼠标左键确定曲线起点 | 按住鼠标左键自由拖曳绘制自由曲线 | 释放鼠标，然后依次单击左键绘制线段，在终点处双击，结束绘制 | 完成绘制后的效果 |

图3-32 绘制图形的过程

拓展知识

本小节介绍了【手绘】工具 与【折线】工具 的使用方法，两个工具的属性栏相同。选择绘制好的曲线，属性栏会切换为如图 3-33 所示的状态。下面介绍其中的部分参数。

| x: 122.167 mm | 85.087 mm | 100.0 % | ⟲ .0 | ⟳ | — ▾ | — ▾ | — ▾ | 发丝 ▾ | 100 ⊹ |
| y: 89.157 mm | 78.544 mm | 100.0 % | | | | | | | |

图3-33 【手绘】与【折线】工具属性栏

- 【起始箭头选择器】 —▾：单击▾按钮，在弹出的如图 3-34 所示的下拉列表中选择相应的选项，为开放曲线的起始点设置箭头样式。图 3-35 所示为对直线添加不同的箭头样式后的效果。闭合曲线不能设置起始箭头和终止箭头。

- 【轮廓样式选择器】 —▾：单击▾按钮，在弹出的下拉列表中为选择的曲线设置轮廓线条的样式。

- 【终止箭头选择器】 —▾：单击▾按钮，在弹出的下拉列表中为开放曲线的终点设置箭头样式。

- 【自动闭合曲线】 ⟲：选择开放曲线，然后单击该按钮，即可以直线方式连接曲线的起始点和终点，从而闭合曲线。

- 【手绘平滑】 100 ⊹：在文本框中输入数值或单击右侧的 ⊹ 按钮并拖曳弹出的滑块，可以设置手绘图形的平滑程度。数值越小，绘制的图形边缘越不光滑。图 3-36 所示为设置不同数值的效果。

图3-34 【起始箭头选择器】下拉列表   图3-35 不同箭头样式的效果   图3-36 不同参数值的手绘平滑效果

3.2.2 【贝塞尔】工具的应用

【贝塞尔】工具是 CorelDRAW X3 中使用率最高的工具之一。使用该工具可以绘制出各种图形，是学习 CorelDRAW X3 的重点部分。

使用【贝塞尔】工具绘制连续线段的过程如图 3-37 所示。

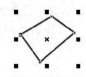

| 单击鼠标左键确定线段起点 | 将鼠标指针移动到第2点处并单击 | 将鼠标指针移动到第3点处并单击 | 将鼠标指针移动到第4点处并单击 | 将鼠标指针移动到起点处并单击 | 生成闭合的图形 |

图3-37 绘制连续线段的过程

使用【贝塞尔】工具绘制曲线的过程如图 3-38 所示。

| 按住鼠标左键并拖曳，确定起点 | 在第2点处拖曳出手柄后释放鼠标 | 在第3点处拖曳出手柄后释放鼠标 | 移动到起点 | 按住鼠标左键并拖曳 | 生成闭合的图形 |

图3-38 绘制曲线的过程

在没有闭合图形之前，按 Enter 键、空格键或选择其他工具，即可结束操作。

【例3-2】 【贝塞尔】工具的使用。

使用【贝塞尔】工具绘制如图 3-39 所示的图案。

 操作步骤

(1) 选择【文件】/【新建】命令，新建一个绘图文件。保持属性栏中的默认设置。

(2) 在工具箱中的 按钮上按住鼠标左键，在弹出的隐藏工具组中选择 工具。移动鼠标指针到工作区域中，然后绘制如图 3-40 所示的图形作为基础图形。

图3-39 绘制好的图案

(3) 在绘制的图形处于被选取的状态下，单击工具箱中的 按钮，再单击属性栏中的 按钮，选取所有的节点。

(4) 单击属性栏中的 按钮，将选取的节点转换为具有曲线性质的节点。再单击属性栏中的 按钮，将选取的节点转换为平滑节点，效果如图 3-41 所示。

图3-40 绘制基础图形　　　　　　图3-41 将节点转换为平滑节点

(5) 在空白处单击即可取消对所有点的选取。

(6) 选取如图 3-42 所示的节点。

(7) 选取其上方的控制柄并向上拖曳以调整曲线的形态，如图 3-43 所示。

(8) 用与步骤 (6)～(7) 相同的方式调整曲线至如图 3-44 所示的状态。

图3-42 选取节点　　　　　　　图3-43 调整曲线形态　　　　　　　图3-44 调整好的图形

(9) 用与步骤 (2)～(8) 相同的方式绘制其他图形，效果如图 3-45 所示。

(10) 选择如图 3-46 所示的两个图形，并选择【排列】/【结合】命令，将两者结合为一个对象。

(11) 以相同的方式将图 3-47 所示的两个图形结合为一个对象。

图3-45 绘制其他图形　　　　图3-46 将选择的图形结合为一个对象　　　图3-47 选择并结合图形

(12) 复制绘制好的所有图形，然后单击属性栏中的 ⌒ 按钮，将复制后的对象进行镜像处理，效果如图 3-48 所示。

(13) 调整图形的大小与位置，效果如图 3-49 所示。

图3-48 镜像后的效果　　　　　　　　　　图3-49 调整图形

(14) 单击工具箱中的 ▢ 按钮，绘制如图 3-50 所示的矩形。

(15) 选择除矩形外的所有图形，设置填充颜色为白色，轮廓为无。

(16) 选择矩形，并设置填充颜色为灰色（C:0,M:0,Y:0,K:20），轮廓为无。填充颜色后的效果如图 3-51 所示。

图3-50 绘制矩形

图3-51 填充颜色后的效果

 案例小结

本小节主要介绍【贝塞尔】工具的使用方式，【贝塞尔】工具是功能非常强大的工具之一，在设计的过程中会经常用到。希望读者认真练习本节内容，并熟练掌握该工具的使用方法。

3.2.3 【钢笔】工具

【钢笔】工具📝与【贝塞尔】工具📝的功能及使用方法相似，但比【贝塞尔】工具的使用更为方便与直观。使用【钢笔】工具可以在绘制的过程中预览曲线的形态，并在绘制过程中添加或删除节点。

【钢笔】工具的属性栏如图 3-52 所示。下面介绍【钢笔】工具的参数。

图3-52 【钢笔】工具属性栏

- 【预览模式】：默认为激活状态，该按钮决定绘制过程中是否显示上一节点与鼠标指针间的预览连线。
- 【自动添加/删除】：默认为激活状态，该按钮决定绘制过程中是否能在已绘制的路径上添加节点或者删除存在的节点。在绘制过程中将鼠标指针移动到路径上，鼠标指针变为 状态时，表示可以在路径上添加节点；将鼠标指针移动到节点上，鼠标指针变为 状态时，表示可以删除该节点。图 3-53 所示为添加与删除节点。

在绘制过程中按住 Ctrl 键，然后移动鼠标指针到存在的节点上并拖曳，可以调整该节点处曲线的形态，如图 3-54 所示。

图3-53 添加与删除节点

图3-54 调整节点处曲线的形态

在绘制过程中按住 Ctrl 键，移动鼠标指针到页面空白处并单击，即可结束曲线的绘制。在绘制的节点处双击也可以结束曲线的绘制。将鼠标指针移动到起始点，当鼠标指针变为 状态时，表示闭合曲线。

在使用【钢笔】工具或【贝塞尔】工具绘制图形时，在没有闭合图形之前，按 Ctrl+Z 组合键或 Alt+Backspace 组合键，可自后向前擦除刚才绘制的线段。每按一次，将擦除一段。按 Delete 键可删除绘制的所有线。

【例3-3】 基本形状工具与线性工具综合应用。

本例主要使用【矩形】工具、【折线】工具、【贝塞尔】工具、【形状】工具、【填充】工具以及【椭圆形】工具来绘制如图 3-55 所示的卡通画。

 操作步骤

(1) 按 Ctrl+N 组合键新建一个图形文件，然后使用 工具绘制出如图 3-56 所示的矩形。

(2) 单击工具箱中的 按钮，弹出【渐变填充】对话框。设置各选项及参数，如图 3-57 所示。

图3-55 绘制的卡通画

图3-56 绘制的矩形

图3-57 【渐变填充】对话框

(3) 单击 确定 按钮，为图形填充渐变色，然后将图形的轮廓线去除。

(4) 利用 工具绘制如图 3-58 所示的图形。

(5) 为该图形填充紫色（C:16,M:43,Y:1,K:0）并设置为无轮廓，如图 3-59 所示。

图3-58 绘制图形

图3-59 填充颜色后的图形效果

(6) 用 工具绘制出第二个图形，并为图形填充蓝色（C:100,M:0,Y:0,K:0），效果如图 3-60 所示。

(7) 用与步骤 (4)～(6) 相同的方法绘制出彩虹图形，如图 3-61 所示。

图3-60 绘制的第二个图形

图3-61 绘制的彩虹图形

(8) 使用工具和工具绘制并调整出如图 3-62 所示的不规则图形，作为草地图形。

(9) 单击工具箱中的按钮，弹出【渐变填充】对话框，参数设置如图 3-63 所示。

图3-62 绘制草地图形 1

图3-63 【渐变填充】对话框 1

(10) 单击 确定 按钮，然后将图形的轮廓线去除，填充渐变色后的图形效果如图 3-64 所示。

(11) 使用和工具绘制并调整出如图 3-65 所示的草地图形。

图3-64 填充渐变色后的图形效果

图3-65 绘制草地图形 2

(12) 单击工具箱中的按钮，弹出【渐变填充】对话框，参数设置如图 3-66 所示。

(13) 单击 确定 按钮，然后将图形的轮廓线去除，填充渐变色后的图形效果如图 3-67 所示。

图3-66 【渐变填充】对话框 2

图3-67 填充渐变色后的草地图形效果

(14) 使用![]和![]工具绘制并调整出如图 3-68 所示的花图形。

(15) 为花图形填充橙色（C:1,M:71,Y:95,K:0），轮廓线设置为白色，效果如图 3-69 所示。

(16) 复制花图形，并重新设置其大小、位置和颜色，效果如图 3-70 所示。

图3-68 绘制花图形

图3-69 填充颜色

图3-70 复制花图形

(17) 用与步骤（14）相同的方法绘制云的轮廓并为其填充白色，设置为无轮廓，效果如图 3-71 所示。

(18) 复制出如图 3-72 所示的云图形，并重新设置其大小和位置。

图3-71 绘制云的轮廓

图3-72 复制图形

下面利用【贝塞尔】工具、【形状】工具和【填充】工具，来绘制卡通人物图形。

(19) 使用![]和![]工具绘制并调整出如图 3-73 所示的无轮廓图形作为卡通人物的头部图形，颜色设置为（C:4,M:18,Y:68,K:0），效果如图 3-74 所示。

图3-73 绘制卡通人物头部图形

图3-74 为头部图形填充颜色

(20) 使用![]和![]工具绘制并调整出如图 3-75 所示的不规则图形，作为卡通人物的头发图形。

(21) 单击工具箱中的![]按钮，弹出【均匀填充】对话框，参数设置如图 3-76 所示。

图3-75 绘制的头发图形

图3-76 【均匀填充】对话框

(22) 使用 和 工具依次绘制并调整出如图 3-77 所示的不规则图形，作为卡通人物头发的细节部分。

(23) 为其填充黑色，轮廓设置为无，效果如图 3-78 所示。

图3-77 绘制的头发的细节部分

图3-78 为头发填充颜色

(24) 使用 和 工具绘制并调整出如图 3-79 所示的图形，作为卡通人物的眼睛。

(25) 使用 工具分别为两个图形填充白色和蓝色（C:90,M:27,Y:0,K:0），然后去除后面的图形的轮廓线，并将前面的图形的轮廓线设置为浅蓝色，效果如图 3-80 所示。

图3-79 绘制眼睛部分

图3-80 为眼睛填充颜色

(26) 使用 工具绘制出眼睛的细节部分，为其填充白色，并去除轮廓线，效果如图 3-81 所示。

(27) 复制步骤 (24)～(26) 所绘制的眼睛部分，然后移动其位置，如图 3-82 所示。

图3-81 绘制眼睛的细节部分

图3-82 复制眼睛部分

(28) 用相同的方法，在卡通人物图形的头部依次绘制出鼻子、嘴和脸部等结构图形，并将其填充为土黄色（C:4,M:27,Y:85,K:0），如图 3-83 所示。

图3-83 绘制的其他部分图形

(29) 使用 和 工具绘制并调整出如图 3-84 所示的蝴蝶图形。

(30) 选择 工具，将蝴蝶图形填充为土黄色（C:3,M:15,Y:86,K:0），并去除轮廓线，如图 3-85 所示。

图3-84 绘制蝴蝶图形

图3-85 填充颜色

(31) 使用 和 工具绘制并调整出发夹的细节部分，并将其填充为白色，效果如图 3-86 所示。

(32) 使用 工具继续绘制细节部分，并为其填充橙色（C:5,M:63,Y:92,K:0），如图 3-87 所示。

图3-86 绘制发夹的细节部分

图3-87 发夹图形效果

(33) 使用 和 工具绘制并调整出如图 3-88 所示的不规则图形，作为卡通人物的裙子图形。

(34) 选择 ▰ 工具，将裙子图形填充为紫色（C:11,M:36,Y:4,K:0），并去除轮廓线，如图 3-89
所示。

图3-88 绘制的裙子图形

图3-89 为裙子图形填充颜色

(35) 用相同的方法依次绘制出卡通人物的手和腿，并进行适当的调整，如图 3-90 所示。

(36) 为手和腿图形填充颜色（C:4,M:18,Y:68,K:0），并去除轮廓线，如图 3-91 所示。

图3-90 绘制手和腿图形

图3-91 填充颜色的效果

(37) 绘制卡通人物的鞋图形，并将其填充为白色，如图 3-92 所示。

(38) 将鞋复制并移动到合适的位置，效果如图 3-93 所示。

图3-92 绘制卡通人物的鞋

图3-93 复制鞋

(39) 至此，运用相同的方法依次绘制出
其余部分，包括另外 3 个卡通人
物、树和太阳，最终效果如图 3-94
所示。卡通画绘制完成后，按
Ctrl+S 组合键将此文件命名为"卡
通画.cdr"并保存。

图3-94 最终效果

3.2.4 【艺术笔】工具

使用【艺术笔】工具 可以绘制更具弹性的线条或者特殊的图案。【艺术笔】工具有 5 种模式，可以根据需要选择相应的艺术笔模式。

【例3-4】 【艺术笔】工具的使用。

使用【艺术笔】工具绘制如图 3-95 所示的鱼图案。

操作步骤

(1) 选择【文件】/【打开】命令，打开名为
"笔刷文件.cdr" 的文件，如图 3-96 所示。

图3-95 使用【艺术笔】工具绘制的图案

(2) 选择编号为 "001" 的图形，在工具箱中的 按钮上按住鼠标左键，在弹出的隐藏工具组中选择 工具。然后单击属性栏中的 按钮，属性栏将切换为如图 3-97 所示的状态。

图3-96 打开的文件

图3-97 属性栏

(3) 单击 按钮，弹出如图 3-98 所示的【另存为】对话框，将图形以 "001.cmx" 为名保存。
(4) 以相同的方式分别将其他图形以如图 3-96 所示的编号为名保存为笔刷文件。
(5) 单击属性栏中的 下拉列表框，在弹出的下拉列表中会显示前面保存的笔刷文件，如图 3-99 所示，这样用户就可以使用自定义的笔刷了。

图3-98 【另存为】对话框

图3-99 笔刷下拉列表

(6) 选择【文件】/【新建】命令，新建一个绘图文件。
(7) 在工具箱中的 按钮上按住鼠标左键，在弹出的隐藏工具组中选择 工具。
(8) 移动鼠标指针到工作区域中，绘制如图 3-100 所示的基本轮廓线条。
(9) 选择如图 3-101 所示的图形，单击工具箱中的 按钮，在属性栏中单击 下拉列表框，然后在下拉列表中选择前面保存的名称为 "001" 的笔触，并将 25.4 mm 中的数值修改为 "4.3"。

图3-100　绘制基本线条

图3-101　选择图形

(10) 使用艺术笔触后的效果如图 3-102 所示。

(11) 用与步骤 (9) 相同的方式，参照如图 3-103 所示的标示为其他线条设置不同的笔触样式和宽度。标示方框内的数字，左边表示笔触宽度，右边表示笔触样式编号。

图3-102　使用艺术笔触后的效果

图3-103　为线条设置笔触样式

(12) 最终效果如图 3-104 所示。

拓展知识

本小节介绍了【艺术笔】工具的使用方式，在设计过程中经常用它制作特殊的效果，下面详细介绍【艺术笔】工具的 5 种绘制模式。在默认状态下，【艺术笔】工具的属性栏如图 3-105 所示。

图3-104　最终效果

图3-105　【艺术笔】工具的默认属性栏

(1) 【预设】模式。该模式的属性栏状态如图 3-105 所示。

- 【手绘平滑】 100 ：设置笔触的平滑度，可以输入数值或者单击 按钮并拖曳弹出的滑块来改变数值，取值范围为“0～100”。数值越大，笔触越平滑。
- 【艺术笔工具宽度】 25.4 mm ：以输入数值的方式来设置笔触的宽度。
- 【预设笔触列表】 ：用于设置笔触的样式。

(2) 【笔刷】模式。该模式的属性栏状态如图 3-106 所示。

图3-106　【笔刷】模式的属性栏状态

- 【浏览】 ：将自己制作的笔触保存后，可以从这里载入笔触。
- 【笔触列表】 ：可以在弹出的下拉列表中选择各式各样的笔触。
- 【保存艺术笔触】 ：自己制作了笔触或者修改自带的笔触后，单击该按钮可以进行存储。
- 【删除】 ：单击该按钮即可删除列表中的笔触，系统自带的笔触不可以被删除。

(3) 【喷罐】模式。该模式的属性栏状态如图 3-107 所示。

图3-107　【喷罐】模式的属性栏状态

- 【要喷涂的对象大小】 ：设置喷出图形的大小。
- 【喷涂列表文件列表】 ：在弹出的下拉列表中可以选择各式各样的喷涂笔触。
- 【选择喷涂顺序】 ：下拉列表中有【随机】、【顺序】及【按方向】3个喷涂顺序选项。图 3-108 所示为 3 种喷涂顺序的比较。
- 【添加到喷涂列表】 ：将选取的图形对象添加到喷涂列表中。
- 【喷涂列表对话框】 ：单击此按钮，弹出【创建播放列表】对话框，如图 3-109 所示。在该对话框中可以对喷涂笔触中的单个元素进行添加或删除。

图3-108 3 种喷涂顺序的比较

图3-109 【创建播放列表】对话框

- 【要喷涂对象的小块颜料/间距】 ：该选项有两个参数，上面的参数用于控制喷涂笔触中元素的密度，下面的参数用于控制喷涂笔触中元素间的距离。
- 【旋转】 ：设置喷涂笔触中元素的旋转角度。
- 【偏移】 ：设置喷涂笔触中元素的偏移量。
- 【重置值】 ：当修改了属性栏中的数值框中的数值后，可单击该按钮还原数值。

(4) 【书法】模式 。该模式的属性栏状态如图 3-110 所示。

图3-110 【书法】模式的属性栏状态

- 【艺术笔工具宽度】 ：以输入数值的方式设置笔触的宽度。
- 【书法角度】 ：设置书法笔触笔尖的角度，当数值为 "0" 时，绘制的水平线条最窄，垂直线条最宽。当数值为 "90" 时，绘制的水平线条最宽，垂直线条最窄。

(5) 【压力】模式 。该模式的属性栏状态如图 3-111 所示。

图3-111 【压力】模式的属性栏状态

- 【手绘平滑】 ：设置笔触的平滑度，可以输入数值或者单击 按钮，然后拖曳弹出的滑块来改变数值，取值范围为 "0～100"。数值越大，笔触越平滑。
- 【艺术笔工具宽度】 ：以输入数值的方式设置笔触的宽度。

3.2.5 【3 点曲线】工具

【3 点曲线】工具的属性栏与【手绘】工具的属性栏相同，这里不再赘述，使用该工具绘制曲线的过程如图 3-112 所示。

| 单击即可确定曲线的一个端点 | 按住鼠标左键并拖曳，释放鼠标左键即可确定另一个端点 | 移动鼠标指针到适当的位置后单击，确定曲线的弧度 | 完成绘制后的效果 |

图3-112 绘制曲线的过程

3.2.6 【度量】工具

在绘制工程图纸或工业类图形时，经常要进行尺寸标注。CorelDRAW X3 提供了 6 种标注方式，下面逐一介绍。【度量】工具 的属性栏如图 3-113 所示。

图3-113 【度量】工具的属性栏

- 【自动度量】工具：单击此按钮可以对工作区域中的图形进行垂直或水平标注。
- 【垂直度量】工具：单击此按钮仅标注垂直方向上的尺度。
- 【水平度量】工具：单击此按钮仅标注水平方向上的尺度。
- 【倾斜度量】工具：单击此按钮可以对工作区域中的图形进行垂直、水平或斜向标注。在标注尺寸时，按住 Ctrl 键可以限制标注倾斜方向为 15° 的倍数。
- 【标注】工具：单击此按钮可以对工作区域中的某一点或某一个地方进行标注，可以为图形进行标注说明，标注文字需自行输入。
- 【角度量】工具：单击此按钮可以对工作区域中的图形标注角度值。
- 【度量样式】：单击右侧的 按钮，弹出的下拉列表中提供了 4 种度量样式，即【十进制】、【小数】、【美国工程】及【美国建筑学的】。用户可以针对不同的需要进行选择，常用的方式为默认的【十进制】。
- 【度量精度】：在这里设定度量的精度，精度以小数点后的位数表示。小数位数越多，精度越高。
- 【尺寸单位】：在这里设定度量时使用的单位。
- 【显示尺度单位】：单击此按钮可以在是否显示尺度单位间切换，默认为激活状态，表示显示尺度单位。
- 【尺寸的前缀】 和【尺寸的后缀】：在这里可以输入尺寸的前缀和后缀文字。
- 【动态度量】：单击此按钮后为图形添加标注，以后对图形进行修改时，标注尺寸也会随之变化。在对图形进行调整而未激活此按钮时，添加的标注尺寸不会随图形的调整而改变。
- 【文本位置下拉式对话框】：在这里设定标注时文本所在的位置。该下拉列表中提供了 5 种标注样式。

单击 ⊢⁻¹²³⁻⊣ 按钮可将标注文本放置于标注线上方。

单击 ⊢⁻¹²³⁻⊣ 按钮可将标注文本放置于标注线中间。

单击 ⊢⁻¹²³⁻⊣ 按钮可将标注文本放置于标注线下方。

图 3-114 所示为上述 3 种标注样式的文字位置比较。

图3-114　标注文字的位置比较

单击 ⊢⁻ᴬᴮᶜ⁻⊣ 按钮可将标注中的文本水平放置。如果未激活此按钮，则标注的文本将与标注线平行，如图 3-115 所示。

单击 ⊢⁻ᴬᴮᶜ⁻⊣ 按钮可将标注文本放置在标注线中间。如果未激活此按钮，则标注文本将放置在鼠标指针选择的位置，如图 3-116 所示。

图3-115　文字的方向

图3-116　文字的位置

3.2.7　【智能绘图】工具

选择 ⊠ 工具，并在属性栏中设置【形状识别等级】和【智能平滑等级】选项后，将鼠标指针移动到绘图窗口中自由草绘一些线条（最好有一点规律性，如大体像椭圆形、矩形或三角形等），系统会自动对绘制的线条进行识别、判断，并将其组织成最接近的几何形状。例如，大体绘制一个方形，释放鼠标左键后，系统会自动将其转换成一个矩形；大体绘制一个圆形，释放鼠标左键后，系统会自动将其转换成一个圆形，如图 3-117 所示。如果绘制的图形未被转换为某种形状，则系统对其进行平滑处理，将其转换为平滑曲线。

图3-117　绘制的方形和圆形

3.3　图形的编辑

在实际的设计过程中，使用【贝塞尔】工具或【钢笔】工具绘制图形，很难一次就绘制精确，经常需要进行再次修改或编辑。下面介绍 CorelDRAW X3 中图形编辑工具的使用方法。

3.3.1 【形状】工具

使用【形状】工具 （快捷键为 F10）可以将绘制的线或图形按照设计需要调整成任意形状，也可以用来改变文字的间距、行距及文字的偏移位置、旋转角度和属性设置等。

使用 工具调整图形的形状时，根据所调整图形性质的不同，可分为调整几何图形和调整具有曲线性质的图形。当调整几何图形时，只能对其进行保持对称性的镜像编辑，也就是说当调整几何图形的某一部分时，图形的其他部分也会随之改变。当调整具有曲线性质的图形时，可以自由调整图形的任意形态。

1．调整几何图形

选择几何图形，选择 工具（或按 F10 键）后，将鼠标指针移动到任意控制节点上，然后按住鼠标左键并拖曳，至合适位置后释放鼠标左键即可对几何图形进行调整。

选中绘制好的矩形，使用 工具将矩形修改为圆角矩形的过程如图 3-118 所示。另外，通过设置属性栏中矩形的边角圆滑度 的数值，也可将矩形的边角变为圆角状态。

图3-118 将矩形调整为圆角矩形的过程

选中绘制好的椭圆形，使用 工具可将椭圆形修改为饼形，过程如图 3-119 所示。另外，通过单击属性栏中的【饼形】按钮 或【弧形】按钮 ，也可将椭圆形变为饼形或弧形，通过修改【起始和结束角度】 的数值来设定椭圆形、饼形和弧形的起始角度与结束角度。

图3-119 编辑椭圆形的过程

2．调整曲线形态

选择使用线形工具绘制的图形或由几何图形转换成的曲线图形，然后选择 工具，此时的属性栏如图 3-120 所示。

图3-120 【形状】工具的属性栏

当需要将几何图形调整成任意图形时，必须将此图形转换为曲线。选择几何图形，然后选择【排列】/【转换为曲线】命令（快捷键为 $\boxed{Ctrl}+\boxed{Q}$）或单击属性栏中的 ○ 按钮，即可将几何图形转换为曲线。

【例3-5】 【形状】工具的使用方法。

本案例介绍节点的选取、增加和删除的方法。

 操作步骤

(1) 打开"形状调整01.cdr"文件。

(2) 使用工具箱中的 工具选择图形并在图形上的一个节点处单击，将节点选取。被选取的节点以实心正方形显示，并显示节点的控制手柄，如图3-121所示。

(3) 按住 $\boxed{Shift}$ 键的同时依次单击其他节点，即可选取多个节点，被选取的节点均以实心正方形显示，如图3-122所示。

图3-121 选取一个节点

图3-122 选取多个节点

 要点提示 按住 $\boxed{Shift}+\boxed{Ctrl}$ 组合键的同时选取图形上的任一节点，即可选中该曲线上所有的节点。除了可以使用上面的方法选取全部的节点外，还可以单击属性栏中的 按钮选取全部的节点。在视图空白处单击即可取消对所有节点的选取。

(4) 移动鼠标指针到图形的路径上，单击以确定节点的位置，如图3-123所示。单击属性栏中的 按钮即可在单击处新增加一个节点，如图3-124所示。

图3-123 确定节点的位置

图3-124 添加节点

 要点提示 除了利用 按钮在曲线上添加节点外，还有两种方法可以添加节点。（1）在需要添加节点的位置双击以直接添加节点；（2）在所需要添加节点的位置单击，再按小键盘区中的+键。

(5) 选取一个节点，单击属性栏中的 按钮即可将该节点删除。

 要点提示

除了使用 按钮在曲线上删除节点外，还有两种方法可以删除节点。（1）将鼠标指针放置在要删除的节点上并双击；（2）将所要删除的节点选取后，按小键盘区中的 键或 Delete 键。

【例3-6】 利用【形状】工具调整图形形态。

本案例介绍节点属性的修改与图形形状的调整。

操作步骤

(1) 打开"形状调整02.cdr"文件。

(2) 使用工具箱中的 工具，框选如图 3-125 所示的节点，单击属性栏中的【转换直线为曲线】按钮 ，将图形中的线段转换为曲线。

(3) 选取如图 3-126 所示的节点，移动鼠标指针到节点左边的控制手柄上，按住鼠标左键并拖曳（见图 3-127）即可修改该线段的形状。

图3-125 框选节点

图3-126 选取节点

图3-127 拖曳控制手柄

 要点提示

按住鼠标左键并拖曳控制手柄，另一边的节点也会相应地移动。按住鼠标左键并拖曳控制点，另一边的节点不受影响，如图 3-128 所示。

(4) 以相同的方式调整其他线段的形状，调整结果如图 3-129 所示。

图3-128 拖曳控制点

图3-129 调整其他线段后的效果

(5) 在如图 3-130 所示的位置双击以增加两个新节点，添加后的效果如图 3-131 所示。

图3-130 添加节点

图3-131 添加节点后的效果

(6) 在如图 3-132 所示的位置双击以删除尖角处的节点，删除后的结果如图 3-133 所示。这样即可将尖角转化为圆角形式。

(7) 以相同的方式修改其他尖角为圆角，最终效果如图 3-134 所示。

图3-132 要删除的节点　　　　　图3-133 删除节点后的效果　　　　　图3-134 最终效果

 拓展知识

　　本小节介绍了【形状】工具的基本用法，包括节点的选取、添加和删除以及节点属性的转换、调整控制手柄与控制点等。

　　【形状】工具的属性栏如图 3-135 所示。下面介绍属性栏中的参数。

图3-135　【形状】工具的属性栏

- 【选取范围模式】矩形 ▾：这是 CorelDRAW X3 新增的选项，下拉列表中包含【矩形】和【手绘】两个选项，提供了两种不同的节点选取方式。选择"矩形"选取方式可拖曳出一个矩形选取框，选取框内的节点被选取，如图 3-136 所示。选择"手绘"选取方式可拖曳出一个不规则的选取框，选取框内的节点被选取，如图 3-137 所示。

图3-136　"矩形"节点选取方式　　　　　　　　图3-137　"手绘"节点选取方式

- 【添加节点】：将鼠标指针放置在绘制好的曲线上并单击，单击处即可出现一个小黑点，然后单击此按钮即可添加一个节点。

- 【删除节点】：将鼠标指针放置在曲线的节点上并单击以将其选取，然后单击此按钮即可将选取的节点删除。

- 【连接两个节点】：当选取的图形为开放曲线时，同时选取起点和终点两个节点，然后单击此按钮即可使两个被选取的节点连接成为一个节点。

- 【分割曲线】：此按钮的作用恰好与 按钮的作用相反，使用此按钮可以使被选取的节点分成两个节点。需要注意的是，将曲线分割后，需要移动节点，才可以看出效果。

- 【转换曲线为直线】：使用此按钮可以将两个相邻节点之间的弧形曲线转换为一条直线。

- 【转换直线为曲线】：使用此按钮可以将直线转换成曲线，从而可以将转换后的曲线调整为弧线。当选取一个节点时，单击此按钮，将在被选取的节点线段上出现两个控制手柄，通过拖曳来调节控制手柄，可以使该直线变为弧线。将图形中所有的节点选取后，单击此按钮可以使整个图形变为曲线。将鼠标指针放置在任意一边上，按住鼠标左键并拖曳即可将选取的一边调整成弧形。

- 【使节点成为尖突】：当图形的节点为平滑点或是对称节点时，单击此按钮，将生成两个控制手柄，可以通过调节每个控制手柄来使节点变得尖突。
- 【平滑节点】：此按钮的作用与按钮的作用恰好相反，使用此按钮可以使原来尖突的节点变得平滑。这种节点的两个控制点的控制手柄长度可以不同。调节其中一个控制点时，另一侧的控制点将以相应的比例进行调整，以保持曲线的平滑。
- 【生成对称节点】：使用此按钮可以将选取的节点转换成两边对称的平滑节点。这种节点的两个控制点的控制手柄长度是相同的。

图 3-138 所示为 3 种节点的形态。

图3-138　3 种节点的形态

- 【反转曲线方向】：当给曲线添加控制手柄以进行调整时，使用此按钮可以调换添加控制手柄的顺序。
- 【延长曲线使之闭合】：当在绘图窗口中绘制了一个未闭合的曲线图形时，首先将起点和终点两个节点选取，然后单击此按钮可以使两个被选取的节点通过直线进行连接，从而达到闭合图形的效果。
- 【提取子路径】：使用此按钮可以将结合在一起的图形拆分为独立的图形。
- 【自动闭合曲线】：此按钮的作用与按钮的作用相同，都可以将未闭合的曲线进行闭合，只是连接两个节点的方法不同。使用按钮连接节点时，必须将所要连接的节点选取，而使用此按钮时，只需要将未闭合的曲线图形选取即可。
- 【伸长和缩短节点连线】：将曲线图形中的节点选取，单击此按钮，将在所选取的节点上出现一个缩放框。利用鼠标调整缩放框上的任意一个点，可以使所选取的节点之间的线段放大或者缩小。
- 【旋转和倾斜节点连线】：将曲线中的节点选取，单击此按钮将会在所选取的节点上出现一个倾斜旋转框。拖曳倾斜旋转框上的任意一个点，可以通过倾斜或旋转节点来对图形进行整体调整。
- 【节点对齐】：在至少有两个节点被选取的情况下，此按钮才处于可使用状态。单击此按钮将弹出如图 3-139 所示的【节点对齐】对话框。

  当勾选【水平对齐】复选框时，可以使被选取的节点在水平方向上进行对齐。

图3-139　【节点对齐】对话框

  当勾选【垂直对齐】复选框时，可以使被选取的节点在垂直方向上进行对齐。

  当勾选【对齐控制点】复选框时，可以使被选取的两个节点重合。

- 【水平反射节点】：激活此按钮后，调整指定的节点时，节点将在水平方向映射。

- 【垂直反射节点】 : 激活此按钮后，调整指定的节点时，节点将在垂直方向映射。

- 【弹性模式】 : 当图形中有两个或多个节点被选取时，激活此按钮可以逐个移动节点。当此按钮未被激活时，移动节点，其他的节点将会随鼠标指针的移动而移动。

- 【选取全部节点】 : 当需要将曲线中的所有节点选取时，可以单击此按钮。

- 【减少选定节点数】 减少节点: 当图形路径上的节点很多时，单击此按钮可以根据图形的形状来减少图形中的节点以简化图形。

- 【曲线平滑度】 : 单击此按钮将弹出调节曲线平滑度的滑块，通过调节滑块的位置，可以改变被选取节点之间的曲线平滑度。

3.3.2 【涂抹笔刷】工具

利用【涂抹笔刷】工具可以对转换为曲线后的矢量图形进行涂抹，从而创造随意的效果。

【例3-7】 【涂抹笔刷】工具的使用。

使用【涂抹笔刷】工具绘制如图 3-140 所示的图形。

操作步骤

(1) 选择【文件】/【新建】命令，新建一个文件。

(2) 单击工具箱中的 按钮，按住 Ctrl 键的同时在工作区域中绘制一个圆。

(3) 按 Ctrl+Q 组合键，将圆形转换为曲线，效果如图 3-141 所示。

图3-140 绘制好的图形

图3-141 将圆形转换为曲线

(4) 在工具箱中的 按钮上按住鼠标左键，在弹出的隐藏工具组中选择 工具，设置属性栏中 2.0 mm 选项的数值为 "30"，以更改笔尖的大小。移动鼠标指针到圆形的路径上，按住鼠标左键并拖曳，即可将路径拖曳出任意的涂抹效果，如图 3-142 所示。

(5) 在适当的位置释放鼠标左键即可结束涂抹，再以相同的方式涂抹路径上的其他部位。图 3-143 所示为涂抹的最终效果。

图3-142 涂抹中的状态

图3-143 涂抹的最终效果

第 3 章 图形绘制与编辑工具

拓展知识

本小节介绍了【涂抹笔刷】工具的使用方式，下面介绍该工具的属性栏中的选项。图 3-144 所示为【涂抹笔刷】工具的属性栏。

图3-144　【涂抹笔刷】工具属性栏

- 【笔尖大小】 ：在这里设置涂抹笔刷的笔尖大小，数值越大，笔尖越大。

- 【在效果中添加水份浓度】 ：该选项可以使涂抹笔刷产生渐大或渐小的效果。当数值为正值时，涂抹笔刷产生渐小的效果；当数值为负值时，涂抹笔刷产生渐大的效果，如图 3-145 所示。

正值　　　　　　　　负值

图3-145　两种涂抹笔刷效果的比较

- 【为斜移设置输入固定值】 ：该选项用于控制笔尖的形状，数值范围为 "15～90"。数值越大，笔尖越接近正圆。

- 【为关系设置输入固定值】 ：该选项用于控制笔尖的倾斜角度，数值范围为 "0～90"。

3.3.3　【粗糙笔刷】工具

使用该工具在矢量图形路径上拖曳，可以产生凹凸不平的锯齿效果。

【例3-8】　【粗糙笔刷】工具的使用。

使用【粗糙笔刷】工具绘制如图 3-146 所示的图形。

操作步骤

(1)　选择【文件】/【新建】命令，新建一个文件。

(2)　单击工具箱中的 按钮，按住 Ctrl 键的同时在工作区域中绘制一个圆形。

(3)　按 Ctrl+Q 组合键，将圆形转换为曲线，效果如图 3-147 所示。

图3-146　绘制好的图形

图3-147　将圆形转换为曲线

(4)　在工具箱中的 按钮上按住鼠标左键，在弹出的隐藏工具组中选择 工具，设置属性栏中 选项的数值为 "20" 以更改笔尖的大小。移动鼠标指针到圆形的路径上，按住鼠标左键并沿着圆形的路径拖曳，如图 3-148 所示。

(5)　在适当的位置释放鼠标左键，圆形的路径即可产生锯齿效果，如图 3-149 所示。

(6)　最终的效果如图 3-150 所示。

图3-148　沿着圆形的路径拖曳

图3-149　圆形的路径产生锯齿效果

图3-150　最终效果

拓展知识

本小节介绍了【粗糙笔刷】工具的使用方式，下面介绍该工具的属性栏中的选项。图 3-151 所示为【粗糙笔刷】工具的属性栏。

图3-151　【粗糙笔刷】工具的属性栏

- 【笔尖大小】 2.0 mm ：设置粗糙笔刷的笔尖大小，数值越大，笔尖越大。
- 【使用笔压控制尖突频率】 1 ：该选项用于控制锯齿的密度，数值越大，密度越大。
- 【在效果中添加水份浓度】 0 ：该选项用于控制锯齿疏密变化的效果，数值范围为 "–10～10"。当数值为正值时，锯齿由疏到密变化；当数值为负值时，锯齿由密到疏变化。
- 【为斜移设置输入固定值】 45.0° ：该选项用于控制产生的锯齿的大小，数值范围为 "0～90"。数值越大，产生的锯齿越小。
- 【尖突方向】 ：该选项用于控制锯齿的方向，此选项只有在安装了手绘板之后才可以使用，可以设置根据改变笔的旋转（或持笔）角度来确定尖突的方向。其下拉列表中提供了【自动】和【固定方向】两个选项。当选择【自动】选项时，后面的【为关系输入固定值】 .0° 变为不可用状态。当选择【固定方向】选项时，在后面的 .0° 中输入数值控制锯齿的尖突方向。图 3-152 所示为两种尖突方向的比较。

图3-152　两种尖突方向的比较

3.3.4　【裁剪】工具

【裁剪】工具 是 CorelDRAW X3 中新增的工具，使用该工具可以快速删除画面中不需要的区域，对位图图像、矢量图形、段落文本及美术文字都可以进行裁剪。【裁剪】工具的属性栏如图 3-153 所示。

x: -239.931 mm 　 74.16 mm 　 .0 　 清除裁剪选取框
y: 299.345 mm 　 53.675 mm

图3-153　【裁剪】工具属性栏

- 【位置】 x: -239.931 mm y: 299.345 mm ：用于调整裁剪选取框的位置。
- 【大小】 74.16 mm 53.675 mm ：用于调整裁剪选取框的大小。
- 【旋转角度】 .0 °：用于调整裁剪选取框的旋转角度。
- 清除裁剪选取框 按钮：单击此按钮或按 Esc 键，可取消裁剪选取框。

【裁剪】工具 的使用过程如图 3-154 与图 3-155 所示。

导入图像　　　绘制裁剪选取框　　　双击即可完成裁剪

图3-154　【裁剪】工具的使用过程 1

绘制裁剪选取框　　在裁剪选取框内单击，边角出现 ✐ 符号　　移动鼠标指针到选取框边角，当鼠标指针变为 ↻ 时，即可旋转选取框　　双击即可完成裁剪

图3-155　【裁剪】工具的使用过程 2

3.3.5　【刻刀】工具

使用【刻刀】工具可以将对象分割为多个部分，【刻刀】工具不仅可以分割矢量图形，也可以分割位图图像。

【例3-9】　【刻刀】工具的使用。

 操作步骤

(1) 在工具箱中的 按钮上按住鼠标左键，在弹出的隐藏工具组中选择 工具。在属性栏中单击 按钮，在弹出的列表中选择 形式。
(2) 移动鼠标指针到工作区域中，然后创建一个箭头图形，效果如图 3-156 所示。
(3) 在工具箱中的 按钮上按住鼠标左键，在弹出的隐藏工具组中选择 工具。

图3-156　创建一个箭头图形

(4) 移动鼠标指针到创建的箭头路径上，当鼠标指针变为 状态时（见图 3-157），按住鼠标左键不放，拖曳鼠标指针穿越图形到路径上的另一点后释放鼠标左键，如图 3-158 所示。

(5) 箭头图形被分割为两个对象，完成后的效果如图 3-159 所示。

图3-157 确定起点

图3-158 确定终点

图3-159 分割后的效果

 拓展知识

【刻刀】工具的属性栏如图 3-160 所示。下面介绍其属性栏中的参数。

图3-160 【刻刀】工具属性栏

- 【成为一个对象】 ：默认为激活状态，可以使分割后的各部分成为一个整体。若为未激活状态，分割后的各部分将成为独立对象。

- 【剪切时自动闭合】 ：默认为激活状态，可以使分割后的对象沿鼠标指针的移动轨迹形成闭合图形。

3.3.6 【橡皮擦】工具

使用【橡皮擦】工具可以对图形对象中的一部分进行擦除，擦除部分沿鼠标指针的移动轨迹形成闭合图形。擦除后的对象仍然以一个整体的形式存在。

【例3-10】 【橡皮擦】工具的使用。

 操作步骤

(1) 创建一个箭头图形，效果如图 3-161 所示。

(2) 确保箭头图形的选取状态，在工具箱中的 按钮上按住鼠标左键，并在弹出的隐藏工具中选择 工具。

(3) 移动鼠标指针到工作区域中，按住鼠标左键并拖曳穿越箭头图形，然后释放鼠标左键。鼠标指针经过的轨迹部分将被擦除，效果如图 3-162 所示。

图3-161 创建箭头图形

图3-162 擦除后的效果

拓展知识

【橡皮擦】工具的属性栏如图 3-163 所示。下面介绍其属性栏的参数。

图3-163 【橡皮擦】工具的属性栏

- 【橡皮擦厚度】 ⊘ 1.0 mm ⬆⬇ ：通过输入数值的方式设定橡皮擦的大小，数值越大，橡皮擦越大。
- 【擦除时自动减少】 📷 ：默认为激活状态，该按钮决定橡皮擦擦除的部分形成的路径上是否自动删除多余的节点。
- 【圆形/方形】 ○ ：设定橡皮擦的形状。单击该按钮后，按钮会切换为 □ ，表示橡皮擦变为方形。

3.3.7 【虚拟段删除】工具

【虚拟段删除】工具可以用来删除图形中不需要的线条。该工具没有属性栏，使用方式也很简单，图 3-164 所示为该工具的使用过程。

绘制好的基础图形　　移动鼠标指针到某一线条上并单击　　删除线条后的效果　　也可拖曳选框来同时删除多条线条　　以相同方式删除其他线条后的最终效果

图3-164 【虚拟段删除】工具的使用过程

实训

利用【自由图形绘制】工具和【椭圆形】工具，并结合颜色填充、对齐、复制、镜像等操作来绘制如图 3-165 所示的卡通图案。

步骤提示

(1) 参照案例一中的绘制方法绘制卡通猴子的外形，如图 3-166 所示。并用相同方式依次绘制卡通猴子的脸部，如图 3-167 所示。

图3-165 卡通图案

(2) 使用原地复制和等比例缩放命令，将图案调整为如图 3-168 所示的效果。

图3-166　绘制卡通外形

图3-167　绘制脸部

图3-168　脸部效果

(3)　绘制如图 3-169 所示的耳朵部分并对其进行均匀填充，镜像后得到如图 3-170 所示的效果。

(4)　使用【椭圆形】工具及画笔工具绘制其他部分，最终效果如图 3-171 所示。

图3-169　绘制耳朵

图3-170　镜像效果

图3-171　最终效果

习题

操作题

1.　利用所学的图形绘制方法绘制如图 3-172 所示的图案。

2.　利用所学的图形绘制方法与【艺术笔】工具的使用方法，绘制如图 3-173 所示的图案。

图3-172　卡片图案

图3-173　图案效果

第4章 图形填充和轮廓工具

本章主要介绍 CorelDRAW X3 中图形的填充及轮廓的设置。其中，颜色填充的工具包括填充工具组、【交互式填充】工具和【颜料桶】工具，轮廓的设置包括轮廓的颜色、宽度、边角形状及样式等的设置。另外还要介绍 CorelDRAW X3 中新增加的【智能填充】工具的用法。

- 学 ● 掌握轮廓的设置方式。
- 习 ● 掌握均匀填充的填充方法。
- 目 ● 掌握渐变填充的填充方法。
- 标 ● 掌握图样填充的填充方法。
  - ● 掌握底纹填充的填充方法。
  - ● 掌握 PostScript 填充的填充方法。
  - ● 掌握交互式网状填充的填充方法。
  - ● 掌握智能填充的填充方法。

4.1 轮廓工具

轮廓工具主要用于对图形的轮廓进行编辑及修改，轮廓工具组中包括【轮廓画笔】、【轮廓颜色】、【轮廓宽度】及【颜色泊坞窗】等工具。图 4-1 所示为工具箱中的轮廓工具组。

图4-1　轮廓工具组

 命令简介

- 【轮廓画笔】工具 ：单击此按钮，可在弹出的对话框中设置图形轮廓的颜色、样式及边角形状等。
- 【轮廓颜色】工具 ：单击此按钮，可在弹出的对话框中设置图形轮廓的颜色。

4.1.1　【轮廓画笔】工具

当选择矢量图形后，单击【轮廓画笔】按钮 ，会弹出【轮廓笔】对话框。本节介绍【轮廓画笔】工具的使用方法。

【例4-1】　绘制卡通图案。

下面主要利用【矩形】工具和【椭圆形】工具，并结合颜色填充、对齐、复制和镜像等操作来绘制如图 4-2 所示的卡通图案。

操作步骤

(1) 按 Ctrl+N 组合键新建一个图形文件。

(2) 选择 ◯ 工具，绘制出如图 4-3 所示的椭圆形。

图4-2 卡通图案

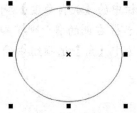

图4-3 绘制椭圆形

(3) 将属性栏中的【对象大小】选项 ↔96.0 mm / ↕82.0 mm 的参数分别设置为 "96" 和 "82"。

(4) 保持椭圆形为选中状态，单击工具箱中的 ◈ 按钮，在弹出的隐藏工具组中单击【填充】按钮 ▰，弹出【均匀填充】对话框，参数设置如图 4-4 所示。然后单击 [确定] 按钮。

(5) 单击工具箱中的 🖉 按钮，在弹出的隐藏工具组中单击【轮廓颜色】按钮 🖺，弹出【轮廓色】对话框，参数设置如图 4-5 所示。

图4-4 【均匀填充】对话框

图4-5 【轮廓色】对话框

 要点提示

在本书的颜色应用中，使用的是 CMYK 颜色模式。在后面为图形设置填充颜色或轮廓颜色时，将不再给出【均匀填充】与【轮廓色】对话框，上述操作将简述为 "填充颜色为淡黄色 (C:2,M:3,Y:20,K:0)" 或 "填充轮廓色为粉红色 (C:4,M:83,Y:7,K:0)"。

(6) 完成后的效果如图 4-6 所示。

(7) 将属性栏中的【轮廓宽度】 🖉 发丝 ▾ 选项栏的数值修改为 "5"，此时，此下拉列表框的状态为 🖉 5.0 mm ▾。修改后的效果如图 4-7 所示。

 要点提示

在本书后面的描述中将这一操作简述为：修改轮廓宽度为 "5.0mm"。

图4-6 颜色填充效果

图4-7 修改轮廓宽度

(8) 单击工具箱中的 ⬠ 按钮，将属性栏中的选项栏的数值修改为 "3"。

(9) 按住 Ctrl 键的同时绘制出如图 4-8 所示的正三角形，确认属性栏中【对象大小】
    ▯96.0 mm ▯82.0 mm 右侧的 🔒 按钮处于激活状态，将 ↦ 的参数设置为 "40"。

(10) 保持正三角形的被选中状态，设置填充颜色为淡红色（C:5,M:40,Y:7,K:0），填充轮廓色
     为粉红色（C:4,M:83,Y:7,K:0），并且修改轮廓宽度为 "5.0mm"。

(11) 将属性栏中的【旋转角度】⟳ ▯.0 °中的数值设置为 "30"。

(12) 双击状态栏右侧的 🖊 C4 M83 Y7 K0 5.000 毫米 ▮ 按钮，弹出【轮廓笔】对话框，如图 4-9
     所示，选中【角】选项组中的 ○ ⏶ 单选项，修改后的效果如图 4-10 所示。

图4-8 绘制三角形

图4-9 【轮廓笔】对话框

(13) 调整绘制好的三角形到如图 4-11 所示的位置。

图4-10 修改后的效果

图4-11 调整三角形的位置

(14) 选择【排列】/【顺序】/【到页面后面】命令，将三角形调整到椭圆形的后面，如图 4-12
     所示。

(15) 选择【窗口】/【泊坞窗】/【变换】/【比例】命令，界面右侧将弹出【变换】泊坞窗。

(16) 在【变换】泊坞窗中单击 🔲 按钮，泊坞窗的界面切换为如图 4-13 所示的状态。

图4-12 调整三角形到椭圆形的后面

图4-13 【变换】泊坞窗

(17) 单击【变换】泊坞窗中的 🔲 按钮，然后单击 应用到再制 按钮。将对象复制一

份，并将复制后的对象在水平方向上进行镜像，调整镜像后的对象到如图 4-14 所示的位置。

(18) 选择 工具，按住 Ctrl 键的同时绘制出如图 4-15 所示的两个高度为 "13" 的正圆。

(19) 选择绘制好的两个正圆，然后选择【排列】/【群组】命令（或按 Ctrl + G 组合键），将两个对象群组。

图4-14 调整位置

图4-15 绘制圆形

(20) 按住 Shift 键的同时单击步骤（2）中绘制好的椭圆形，将椭圆形加入选取范围。

(21) 单击属性栏中的 按钮，在弹出的【对齐与分布】对话框中选中 复选项，如图 4-16 所示。单击 应用 按钮，然后单击 关闭 按钮，将两个对象居中对齐，效果如图 4-17 所示。

图4-16 【对齐与分布】对话框

图4-17 绘制三角形

(22) 单击工具箱中的 按钮，将属性栏中的选项栏的数值修改为 "3"，

(23) 按住 Ctrl 键的同时绘制出如图 4-17 所示的正三角形，确认属性栏中【对象大小】 右侧的 按钮处于激活状态，将 的参数设置为 "15.5"。

(24) 保持正三角形的被选中状态，设置填充颜色为褐色（C:43,M:92,Y:99,K:4），填充轮廓色也为褐色（C:43,M:92,Y:99,K:4），并且修改轮廓宽度为 "5.0mm"。

(25) 将属性栏中的【旋转角度】 .0 °中的数值设置为 "180"。

(26) 双击状态栏右侧的 C43 M92 Y99 K4 4.000 毫米 按钮，弹出【轮廓笔】对话框，选中【角】选项组中的 单选项，修改后的效果如图 4-18 所示。

(27) 单击工具箱中的 按钮，绘制一个对象大小为 5.0 mm / 20.0 mm 的矩形，如图 4-19 所示。

图4-18 绘制好的三角形

图4-19 绘制矩形

(28) 确认属性栏中的【全部圆角】按钮 处于激活状态，将 100/100 [ ] 100/100 选项的参数设置为 "100"，修改好的圆角矩形如图 4-20 所示。

(29) 选中绘制好的两个图形，单击属性栏中的 按钮。在弹出的【对齐与分布】对话框中

第 4 章 图形填充和轮廓工具

71

勾选复选项，单击 应用 按钮，然后单击 关闭 按钮，将两个对象居中对齐。修改好的效果如图 4-21 所示。

图4-20 修改好的圆角矩形　　　　　　　　图4-21 对齐圆角矩形和三角形

(30) 将上一步中的两个对象群组后，与步骤（2）中绘制好的椭圆形居中对齐，效果如图 4-22 所示。

(31) 单击工具箱中的 按钮，绘制 3 个宽度分别为 "21"、"27"、"34" mm，高度均为 "4" mm 的矩形，如图 4-23 所示。

(32) 确认属性栏中的【全部圆角】按钮 处于激活状态，将 选项的参数设置为 "100"，修改好的圆角矩形如图 4-24 所示。

图4-22 对齐效果　　　　　　　　图4-23 绘制 3 个矩形

(33) 将 3 个圆角矩形的属性栏中的【旋转角度】 中的数值分别设置为 "6"、"16" 和 "26"。

(34) 将调整好的 3 个矩形群组后，调整到如图 4-25 所示的位置。

图4-24 修改好的圆角矩形　　　　　　　　图4-25 调整矩形的位置

(35) 选取群组后的 3 个圆角矩形，单击【变换】泊坞窗中的 按钮，然后单击 应用到再制 按钮。将对象复制一份，并将复制后的对象在水平方向上进行镜像，调整镜像后的对象到如图 4-26 所示的位置。

(36) 至此，图案绘制完成，按 Ctrl+S 组合键将此文件命名为 "卡通头像.cdr" 并保存。

图4-26 调整镜像后的对象的位置

拓展知识

本节介绍了【轮廓画笔】工具的基本用法，下面介绍【轮廓笔】对话框中各选项及参数的设置。

- 【颜色】选项：单击 ██▼，在弹出的下拉列表中选择颜色样本，为轮廓修改轮廓色。
- 【宽度】选项：有两个设置框，左边的 发丝 ▼用于设置轮廓的宽度，右边的 毫米 ▼用于设置轮廓宽度使用的单位。
- 【样式】选项：在该下拉列表中为轮廓选择线条样式。

如果【样式】下拉列表中没有需要的样式，可以自己进行编辑，编辑方式如下。

① 单击 编辑样式... 按钮，弹出【编辑线条样式】对话框，如图 4-27 所示。

图4-27　【编辑线条样式】对话框

② 拖曳滑块，修改虚线的单元长度，再单击滑块左侧的方格，修改方格的颜色，即线条在该点的虚实。编辑的样式可以在右下角的预览框中查看。图 4-28 所示为编辑好的一种样式。

图4-28　编辑好的一种样式

③ 单击 添加(A) 按钮，将编辑好的样式添加到【样式】下拉列表中。

1. 【角】选项组

该选项组提供了 3 种线条转折处边角的样式。

- 尖角○ ▲：线条转折处边角尖锐。
- 圆角◉ ▲：线条转折处边角圆滑过渡。
- 平角○ ▲：线条转折处边角为有一定角度的直线。

图 4-29 所示为 3 种边角样式的比较。

图4-29　3 种边角样式的比较

2. 【线条端头】选项组

该选项组提供了 3 种开放曲线端点处端头的样式。

- 平形⊙ ▬▬：线条端头为平角，且线段节点处于端头上。
- 圆形○ ▬▬：线条端头为圆角，且线段节点处于圆角的圆心处。
- 延展○ ▬▬：线条端头延展，且延展到节点外，延展量等于线条宽度的 50%。

图 4-30 所示为 3 种端头样式的比较。

平形　　　　　圆形　　　　　延展

图4-30　3 种端头样式的比较

3. 【箭头】选项组

该选项组用于设置开放曲线的起始处和终点处的箭头样式。

- 单击 ▬˅ 或 ▬ ˅ 下拉列表框，可在弹出的下拉列表中选择箭头的样式。
- 单击 选项(O)　˅ 按钮，弹出如图 4-31 所示的下拉菜单。

  【无】选项：选择此选项可以取消起始处或终点处的箭头。

  【对换】选项：选择此选项可以交换起始箭头和结束箭头的样式。

  【新建】选项：选择此选项可在弹出的【编辑箭头尖】对话框中自定义新的箭头样式。

  【编辑】选项：选择此选项可以基于当前所选的箭头样式进行编辑。

  【删除】选项：选择此选项可以删除当前所选的箭头样式。

图4-31　下拉列表

4. 【书法】选项组

该选项组用于设置笔尖的形状。

- 【展开】选项：可以设置笔头的形状。当笔头为方形时，减小这个数值可以使笔头变成长方形。当笔头为圆形时，减小这个数值可以使笔头变成椭圆形。
- 【角度】选项：设置笔头的倾斜角度。
- 默认(D) 按钮：单击该按钮即可将轮廓笔头的设置还原为默认数值。
- 【后台填充】复选项：勾选该复选项即可将图形的轮廓放置到颜色填充的后面。默认情况下，图形的轮廓位于填充颜色的前面。图 4-32 所示为勾选与取消勾选该复选项时图形轮廓的效果。
- 【按图像比例显示】复选项：在默认情况下，缩放图形时，图形的轮廓宽度不会与图形一起缩放，而是保持原来的宽度。当勾选该复选项后，在缩放图形时，图形的轮廓宽度将与图形一起缩放。图 4-33 所示为勾选与取消勾选该复选项时图形轮廓宽度的效果。

图4-32 勾选与取消勾选【后台填充】复选框的效果　　图4-33 勾选与取消勾选【按图像比例显示】复选框的效果

4.1.2 【轮廓颜色】工具

【轮廓颜色】工具主要用于对图形轮廓进行颜色设置，单击 按钮可弹出如图 4-34 所示的【轮廓色】对话框。利用【轮廓色】对话框对图形轮廓进行颜色设置的方法有 3 种，下面主要介绍在【模型】选项卡中设置颜色的方法，其余两种方法读者可自行练习。

在【模型】选项卡中，可以在颜色渐变条上拖曳，以选取相应的色相。再移动鼠标指针到左边的颜色窗格中，在任意位置单击，以调整色彩的亮度和饱和度。当前调整的颜色显示在右上角的新建样板框中，图 4-35 所示为选择颜色时的形态。

图4-34 【轮廓色】对话框　　　　　　　　　图4-35 调整颜色

另外，还可以在【组件】选项组中通过输入 C、M、Y、K 的数值来调整需要的色彩，这种方式一般在对色彩使用非常熟练的情况下使用。

对话框的右下角有一个【名称】选项，单击【名称】选项文本框右侧的 按钮，可弹出颜色名称下拉列表，通过选择颜色的名称也可以选择所要使用的颜色。

4.2 填充工具

CorelDRAW X3 提供了多种填充方式，包括单色填充、渐变填充、图样填充、底纹填充和 PostScript 填充等。

4.2.1 【填充】工具的应用

【填充】工具的使用方式和【轮廓颜色】工具的使用方法一样，这里不再赘述。

4.2.2 【渐变填充】工具

本节介绍【渐变填充】工具的使用方法。

【例4-2】 【渐变填充】工具的使用

利用【渐变填充】工具绘制产品包装,效果如图 4-36 所示。

图4-36 绘制好的标志

 操作步骤

(1) 选择【文件】/【新建】命令,新建一个绘图文件。在属性栏中设置单位为"毫米",页面大小为"800mm×800mm",其他参数保持默认设置。

(2) 单击工具箱中的 按钮,然后参照如图 4-37 所示的参数进行设置。

图4-37 属性栏中的参数设置

(3) 利用 工具和 工具绘制并调整出如图 4-38 所示的图形,然后选择 工具,弹出【渐变填充】对话框,参数设置如图 4-39 所示,然后将轮廓设置为无。

图4-38 绘制图形

图4-39 【渐变填充】对话框

(4) 绘制如图 4-40 所示的矩形,并为其填充渐变效果,参数设置如图 4-41 所示。

图4-40 绘制矩形

图4-41 【渐变填充】对话框

(5) 绘制如图 4-42 所示的瓶子上方的图形，并为其填充渐变效果，参数设置如图 4-43 所示。

图4-42 绘制图形

图4-43 设置参数

(6) 将瓶体部分复制一份并将轮廓宽度设置为"发丝"，利用 ○ 工具绘制并调整出如图 4-44 所示的椭圆形。选择椭圆形和复制出的瓶体，单击 ⊞ 按钮，删除椭圆形和复制的瓶体，效果如图 4-45 所示。

图4-44 绘制椭圆形

图4-45 删除椭圆形和复制的瓶体后的效果

(7) 为得到的相交图形填充渐变效果，参数设置如图 4-46 所示，效果如图 4-47 所示。

图4-46 参数设置　　　　　　图4-47 填充渐变效果

(8) 利用工具绘制如图 4-48 所示的矩形，并为其填充渐变效果，参数设置如图 4-49 所示。

图4-48 绘制矩形　　　　　　图4-49 【渐变填充】对话框

(9) 将做好的包装瓶复制两份，添加文字及标志，效果如图 4-50 所示。

(10) 添加镀银文字效果，单击按钮，在适当的位置添加文字，如图 4-51 所示，并为文字填充渐变效果，参数设置如图 4-52 所示。

图4-50 添加文字及标志　　　　　　图4-51 添加镀银文字

第 4 章 图形填充和轮廓工具

(11) 仿照上述步骤，添加其他文字，最终效果如图 4-53 所示。

图4-52 参数设置

图4-53 最终效果

![拓展知识]

本案例介绍了【渐变填充】工具的使用方法，下面介绍【渐变填充】对话框中各选项的作用。【渐变填充】对话框如图 4-54 所示。

图4-54 【渐变填充】对话框

(1) 【类型】：其下拉列表中提供了 4 种渐变方式，分别是【线性】、【射线】、【圆锥】和【方角】，如图 4-55 所示。4 种渐变方式的效果显示在【渐变填充】对话框右侧的样本框中。

线性　　　　　　射线　　　　　　圆锥　　　　　　方角

图4-55 4 种渐变方式

(2) 【中心位移】：该选项组在使用后 3 种渐变方式时才可用，后 3 种渐变方式都是由中心向四周发散的形式。该选项组控制渐变中心点的位置。

- 【水平】：控制中心在水平方向上的位置。数值为 "0" 时，渐变中心处于图形水平方向的中点。

- 【垂直】：控制中心在垂直方向上的位置。数值为 "0" 时，渐变中心处于图形垂直方向的中点。

(3) 【选项】：该选项组中有 3 个选项，即【角度】、【步长】及【边界】。

- 【角度】：该选项控制渐变的角度，在【射线】渐变方式下不可用。单击右侧的微调按钮，数值会以 5° 的增量增加。

- 【步长】：该选项在单击右侧的🔲按钮后才可用。该选项用于控制颜色间调和的程度，数值越大，颜色渐变越细腻。图 4-56 所示为两种步长效果的比较。

- 【边界】：该选项用于控制渐变颜色与边缘和中心的距离。数值范围为"0～49"。数值越大，与边缘和中心的距离越远，色彩调和范围就越小。【圆锥】渐变方式下，该选项不可用。图 4-57 所示为两个不同的边界值的效果比较。

步长值=100   步长值=10   边界值=40   边界值=0

图4-56 两种步长效果的比较   图4-57 两个边界值的效果比较

(4) 【颜色调和】：该选项组用于设置渐变的颜色，包括【双色】和【自定义】两种。

- 【双色】：图 4-58 所示为该选项的控制界面。该选项是两种颜色进行渐变。单击【从】与【到】下拉列表框▢▾，在弹出的下拉列表中分别设置颜色。【中点】用于控制两种颜色变化的位置。

- 【自定义】：图 4-59 所示为该选项的控制界面。该选项可以设置多种颜色进行渐变。

图4-58 【双色】控制界面   图4-59 【自定义】控制界面

- 双击▨▨▨▨图标虚线框中的任意位置即可添加新的颜色。新添的颜色会以下三角形表示，默认的颜色以正方形表示，如图 4-60 所示。单击正方形或下三角形一次，当图标变为黑色实心时，即可编辑该点的颜色。拖曳下三角形即可改变该点的位置。也可以通过在【位置】数值框中输入数值来设置位置。

图4-60 渐变样本条

(5) 【预设】：软件自带的一些渐变效果，在该下拉列表中可以选取不同的渐变形式。

- ➕按钮：若想把当前编辑的渐变样式保存起来以便以后调用，可单击该按钮，将当前渐变样式存储，在下拉列表中会新增该样式的名称。

- ➖按钮：在下拉列表中选择一个样式后，单击该按钮即可将其删除。

4.2.3 【图样填充】工具

本节利用【图样填充】工具快速绘制一幅"福"字图案，效果如图4-61所示。

【例4-3】 【图样填充】工具的使用

操作步骤

(1) 选择【文件】/【新建】命令，新建一个绘图文件。在属性栏中设置单位为"毫米"，页面大小为"300mm×300mm"，其他参数保持默认设置。

(2) 单击工具箱中的□按钮，按住 Ctrl 键的同时绘制一个正方形，并参照如图 4-62 所示的参数进行设置。

图4-61 绘制的"福"图案

图4-62 正方形属性栏中的参数设置

(3) 单击调色板中的红色色块，为正方形填充红色。右键单击调色板中的☒按钮，将正方形设置为无轮廓，效果如图 4-63 所示。

(4) 将正方形原地复制一份，并在属性栏中修改其宽和高均为"220mm"。

(5) 选取复制后的正方形，单击工具箱中的🖌按钮，在弹出的隐藏工具组中选择▨工具，弹出如图 4-64 所示的【图样填充】对话框。

图4-63 填充颜色

图4-64 【图样填充】对话框

(6) 单击💽，在弹出的样式列表中选取如图 4-65 所示的样式。单击【前部】下拉列表框▮▼，在弹出的下拉列表中单击 其它(O)... 按钮，设置颜色为（C:0,M:50,Y:30,K:0），单击 确定 按钮，回到【图样填充】对话框。再次单击 确定 按钮，图案填充效果如图 4-66 所示。

图4-65 选取样式

图4-66 图案填充效果

(7) 选择最初绘制的正方形，再复制一份，在属性栏中将其宽和高均设置为"30mm"，移动复制后的正方形到如图 4-67 所示的位置。

(8) 选择复制后的小正方形，单击工具箱中的 按钮，在弹出的隐藏工具组中选择 工具，弹出【图样填充】对话框。

(9) 单击 ，在弹出的样式列表中选择如图 4-68 所示的样式。

图4-67　复制一个小正方形

图4-68　为小正方形选取样式

(10) 单击【前部】下拉列表框 ，在弹出的下拉列表中选择红色，然后单击【后部】下拉列表框 ，并在弹出的下拉列表中选择黄色。

(11) 参照如图 4-69 所示的参数设置其他选项。单击 确定 按钮，填充后的效果如图 4-70 所示。

(12) 选择最小的正方形，将其复制 3 份并分别移动到相应的位置，效果如图 4-71 所示。

图4-69　设置其他选项

图4-70　填充后的效果

图4-71　复制 3 个小正方形并移动

(13) 单击工具箱中的 按钮，在工作区域中输入"福"字，在属性栏中设置如图 4-72 所示的参数。

图4-72　设置"福"字的参数

(14) 将文字旋转180°，并将其填充为红色（C:0,M:100,Y:100,K:0），最终效果如图 4-73 所示。

图4-73　最终效果

拓展知识

本节介绍了【图样填充】工具的使用，下面介绍【图样填充】对话框中的各个选项。图 4-74 所示为【图样填充】对话框。

图4-74　【图样填充】对话框

【图样填充】对话框中包括 3 种填充类型，即【双色】、【全色】及【位图】。

(1)　【双色】：单击右侧的样本框，在弹出的下拉列表中选取需要的样式。该填充类型中的图案颜色有两种，可以在【前部】和【后部】下拉列表框中设置相应的颜色。

- 【前部】：单击，在弹出的列表中选择前部的颜色。
- 【后部】：单击，在弹出的列表中选择后部的颜色。

(2)　【全色】：单击右侧的样本框，在弹出的下拉列表中选取需要的样式。该类型填充的图案颜色在两种以上，但不能编辑颜色，图 4-75 所示为【全色】样式的下拉列表。

(3)　【位图】：单击右侧的样本框，在弹出的下拉列表中选择需要的样式。该类型填充的图案为位图，图 4-76 所示为【位图】样式的下拉列表。

图4-75　【全色】样式的下拉列表

图4-76　【位图】样式的下拉列表

(4)　【原点】：在其中的【x】、【y】数值框中输入数值，用于设置填充图案相对于被填充图形的位置。

(5)　【大小】：用于设置单元图案的【宽度】与【高度】。

(6)　【变换】：包括【倾斜】与【旋转】两个选项。

- 【倾斜】选项：用于设置图案填充时的倾斜角度，角度范围为 "−75°～75°"，图 4-77 所示为两种倾斜角度的比较。
- 【旋转】选项：用于设置图案填充时的旋转角度，角度范围为 "−360°～360°"，图 4-78 所示为两种旋转角度的比较。

(7)　【行或列位移】：设置单元图案在填充时，在水平和垂直方向上的偏移量。【行】用于控制水平方向；【列】用于控制垂直方向。在【平铺尺寸】数值框中输入偏移的大小，该数值为百分数。

第 4 章　图形填充和轮廓工具

倾斜角度=0°　　　　倾斜角度=30°　　　　　　　旋转角度=0°　　　　旋转角度=45°

图4-77　两种倾斜角度的比较　　　　　　　　图4-78　两种旋转角度的比较

(8)　【将填充与对象一起变换】：勾选该复选框后，当改变图形时，其中的填充图案会与图形一起进行变换；若取消勾选，则图案不随图形进行改变。

(9)　【镜像填充】：勾选该复选框，单元图案间会以镜像形式进行填充。

4.2.4　【底纹填充】工具

　　【底纹填充】工具的使用方式与其他填充工具的使用方式类似，图 4-79 所示为【底纹填充】的对话框。CorelDRAW X3 提供了丰富多样的底纹，用户可以对底纹进行编辑，以创建更为灵活的图案。

- 【底纹库】：可在该下拉列表中选取底纹的类型。
- 【底纹列表】：在选择了底纹类型后，在该列表框中选取不同的底纹样式。

　　右侧的选项组中针对不同的底纹样式提供不同的编辑选项，使用方式与前面的填充工具相似，这里不再赘述。

图4-79　【底纹填充】对话框

4.2.5　【PostScript 填充】工具

　　【PostScript 填充】工具是利用 PostScript 语言设计的一种特殊的填充工具，图 4-80 所示为【PostScript 底纹】对话框。

- 对话框的左上角是填充样式的名称，可以通过拖曳滑块来选择所要填充的样式。
- 位于填充样式列表右侧的是预览窗口，勾选对话框右侧的【预览填充】复选框，窗口中可以显示填充的样式效果。
- 【参数】选项组中的参数根据选择的填充样式的不同而不同，可以通过改变相关选项的数值来改变填充选项的性质。

图4-80　【PostScript 底纹】对话框

- 刷新(R) 按钮：确认【预览填充】复选框被勾选后，单击此按钮可以查看参数调整后的填充效果。

4.2.6 【交互式填充】工具

【交互式填充】工具 可以看作是前面各种填充工具的综合，使用方法与前面介绍的填充工具的使用方式相似，这里不再讲述其使用方式。本节介绍【交互式填充】工具属性栏中的选项。【交互式填充】工具的属性栏如图4-81所示。

图4-81 【交互式填充】工具的属性栏

- 【填充类型】均匀填充 ：该下拉列表中提供了前面介绍过的所有填充类型，图 4-82 所示为【填充类型】的下拉列表。在选择了除【无填充】以外的其他填充方式后，其后面的选项才切换为可用状态，且根据不同的填充类型显示不同的选项。

- 【复制填充属性】 ：单击该按钮可以将一个图形的填充属性复制到另外一个图形上。

图4-82 【填充类型】下拉列表

4.2.7 【交互式网状填充】工具

利用【交互式网状填充】工具 可以为图形填充自由且丰富的颜色效果。本例利用【交互式网状填充】工具为图形填充如图 4-83 所示的效果。

【例4-4】 【交互式网状填充】工具的使用

操作步骤

(1) 选择【文件】/【新建】命令，新建一个绘图文件。

(2) 在工具箱中的 按钮上按住鼠标左键，在弹出的隐藏工具组中选择 工具，绘制如图 4-84 所示的图形线稿。

图4-83 最终效果

(3) 选择如图 4-85 所示的图形，设置填充颜色为浅黄绿色（C:5,M:5,Y:14,K:0），轮廓填充为无，效果如图 4-86 所示。

图4-84 绘制基本线条

图4-85 选择图形

图4-86 填充颜色

(4) 保持对象的选取状态，单击工具箱中的 按钮，此时图形中将出现如图 4-87 所示的网格。

(5) 将属性栏中的 ▦ 3 3 选项的数值均设置为 "1"，此时的网格状态如图 4-88 所示。

图4-87 出现的网格

图4-88 修改后的网格状态

(6) 此时鼠标指针变为 ▸▤状态，将鼠标指针移动到如图 4-89 所示的位置并双击，重新设置网格的位置。

(7) 添加网格后的效果如图 4-90 所示。

图4-89 鼠标指针的位置

图4-90 添加网格

(8) 保持控制点的选取状态，在软件界面右侧的调色板中单击白色按钮，将其颜色设置为白色，完成后的效果如图 4-91 所示。

(9) 以相同的方法为如图 4-92 所示的图形填充浅绿色（C:16,M:2,Y:53,K:0）。

(10) 保持对象的选取状态，单击工具箱中的 ▦ 按钮，并将属性栏中的 ▦ 3 3 选项中的数值均设置为 "1"。此时的网格状态如图 4-93 所示。

图4-91 填充颜色后的效果

图4-92 选择对象并填充颜色

图4-93 修改网格状态

(11) 选择如图 4-94 所示的节点，并将颜色设置为白色，效果如图 4-95 所示。

(12) 用前面学习的单色填充与渐变填充的方法，完成图形其他部分的颜色填充。最终效果
　　　如图 4-96 所示。

图4-94　选择节点

图4-95　设置节点颜色为白色

图4-96　最终效果

拓展知识

　　本节介绍了【交互式网状填充】工具的使用方法，下面介绍其属性栏中的选项。【交互
式网状填充】工具的属性栏如图 4-97 所示。

图4-97　【交互式网状填充】工具的属性栏

- 【网格大小】：分别设置纵向和横向上的网格数目。
- 【添加交叉点】：单击该按钮可以在图形上添加新的网格。
- 【删除节点】：单击该按钮可以删除选择的网格。
- 【复制网状填充属性自】：选择一个图形后，单击该按钮可以在工作区域选
  择已有的网格填充图形，将该填充属性复制到当前选取的图形上。
- 【清除网状】：单击该按钮可以清除所有网格节点的填充设置。

4.3　【智能填充】工具

　　【智能填充】工具是 CorelDRAW X3 工具箱中新增加的工具，它可以对封闭图形或
多个图形的重叠区域进行颜色填充，该工具的属性栏如图 4-98 所示。

图4-98　【智能填充】工具的属性栏

- 【填充选项】：包括 3 个选项，即【使用默认值】、【指定】和【无填充】。当选择
  【指定】选项时，可以单击右侧的下拉列表框，在弹出的面板中指定其他颜
  色。当选择【使用默认值】选项时，会采用系统默认的无填充、轮廓为黑色来填
  充新对象。
- 【轮廓选项】选项：包括 3 个选项，分别是【使用默认值】、【指定】和【无轮

廓】。当选择【指定】选项时，可以单击右侧的下拉列表框，在弹出的下拉列表中指定新对象的轮廓宽度，单击下拉列表框，在弹出的面板中指定其他颜色。

【例4-5】 【智能填充】工具的使用

(1) 选择【文件】/【新建】命令，新建一个绘图文件。保持属性栏中的默认设置。

(2) 单击工具箱中的按钮，在窗口中分别输入大写字母"A"与"S"。字体可以自由选择，并且参照如图 4-99 所示的效果调整两个字母间的位置与角度。

(3) 单击工具箱中的按钮，将所有字母同时选择，按 Ctrl+G 组合键将对象群组，以方便后面的操作。

(4) 选择工具箱中的【智能填充】工具，再单击属性栏中【填充选项】右侧的下拉列表框，在弹出的面板中单击按钮，在【选择颜色】对话框中将颜色设置为浅蓝色（C:40,M:0,Y:0,K:0）。在【填充选项】右侧的【轮廓选项】下拉列表中选择【无轮廓】选项。

(5) 将鼠标指针移动到如图 4-100 所示的位置并单击，从而为图形填充颜色，效果如图 4-101 所示。

图4-99 调整字母的角度和位置　　　　图4-100 鼠标指针的位置　　　　图4-101 填充效果

(6) 同样在相应的位置单击，将该区域填充为指定的颜色，效果如图 4-102 所示。

(7) 单击属性栏中【填充选项】右侧的下拉列表框，将颜色设置为洋红色（C:0,M:100,Y:0,K:0），再将剩余的区域填充为指定的颜色，最终效果如图 4-103 所示。

图4-102 继续填充其他区域　　　　　　　图4-103 最终效果

4.4 综合案例——绘制滑板底图纹样

本节利用前面学习的知识绘制如图 4-104 所示的图案。

 操作步骤

图4-104 滑板底图纹样

(1) 按 Ctrl+N 组合键新建一个图形文件。

(2) 选择 工具，绘制出如图 4-105 所示的矩形。

(3) 选择 工具，按住 Shift+Alt+Ctrl 组合键的同时将鼠标指针移动到矩形上边线的中间位置，当鼠标指针显示如图 4-106 所示的捕捉标记时按住鼠标左键并拖曳，绘制出如图 4-107 所示的圆形。

图4-105 绘制的矩形

图4-106 显示捕捉标记

图4-107 绘制的圆形

(4) 选择 工具，框选绘制的矩形及圆形，状态如图 4-108 所示。

(5) 单击属性栏中的 按钮，将两个图形焊接成新的图形，效果如图 4-109 所示。将所绘制的图形选择，然后在工具箱中的 按钮上按住鼠标左键不放，在弹出的隐藏工具组中选择 工具。

(6) 在弹出的【均匀填充】对话框中设置颜色参数，如图 4-110 所示，为图形填充颜色后的效果如图 4-111 所示。

图4-108 框选两个图形　　图4-109 生成的新图形

图4-110 【均匀填充】对话框

图4-111 填充颜色

(7) 利用 工具和 工具绘制并调整出如图 4-112 所示的不规则图形。

(8) 将所绘制的图形选择，然后在工具箱中的 ![按钮]按钮上按住鼠标左键不放，在弹出的隐藏工
具组中选择 ![工具]工具。在弹出的【均匀填充】对话框中设置颜色参数，如图 4-113 所示。

图4-112 绘制不规则图形　　　　　　　　　　　　图4-113 【均匀填充】对话框

(9) 填充效果如图 4-114 所示，在绘制的不规则图形的边缘上用 ![工具]工具绘制圆形，并且使
用 ![工具]工具选中不规则图案和绘制的圆形，单击属性栏中的 ![按钮]按钮将图案进行群组，效
果如图 4-115 所示。

(10) 参照步骤 (7)～(9) 继续绘制图案，最终效果如图 4-116 所示。

图4-114 填充颜色后的效果　　　　　图4-115 绘制圆形并群组　　　　　图4-116 继续绘制图形

(11) 利用 ![工具]工具和 ![工具]工具绘制并调整出如图 4-117 所示的螺旋线图形。选择所绘制的图
形，然后在工具箱中的 ![按钮]按钮上按住鼠标左键不放，在弹出的隐藏工具组中选择 ![工具]
工具。在弹出的【均匀填充】对话框中设置颜色参数，如图 4-118 所示，填充效果如
图 4-119 所示。

图4-117 绘制新的图案　　　　　　　图4-118 设置颜色　　　　　　　图4-119 填充颜色后的效果

(12) 依次绘制相似图案并对其进行填充，最终效果如图 4-120 所示。单击 ⊞ 按钮将刚绘制并填充的图案进行群组，选择工具箱中的【交互式透明】工具 ，设置图案的透明度。【交互式透明】工具的属性栏如图 4-121 所示，透明度设置效果如图 4-122 所示。

图4-120 绘制填充并群组　　　　图4-121 【交互式透明】工具属性栏　　　　图4-122 不透明度设置效果

(13) 将步骤（11）、步骤（12）中绘制的图案复制并旋转移动，最终效果如图 4-123 所示。

(14) 绘制如图 4-124 所示的橙色图案，选择 工具，选中所绘图案。在弹出的对话框中进行如图 4-125 所示的设置。

图4-123 复制并旋转移动后的效果　　　图4-124 绘制图案　　　　　图4-125 【渐变填充】对话框

(15) 渐变填充效果如图 4-126 所示。

(16) 继续绘制黑色线稿，如图 4-127 所示。

图4-126 渐变填充效果　　　　　　　　　　图4-127 继续绘制图案

(17) 在工具箱中的 按钮上按住鼠标左键不放，在弹出的隐藏工具组中选择 工具。在弹出的【均匀填充】对话框中设置颜色参数，如图 4-128 所示。图案描边为黄色，最终效果如图 4-129 所示。

图4-128 【均匀填充】对话框

图4-129 填充效果

(18) 参照图片继续绘制其他图案，并进行相应的填充，如图 4-130 所示。

(19) 单击 按钮将步骤 (16)～(18) 所绘的图案进行群组，如图 4-131 所示。

图4-130 依次绘制并填充图案

图4-131 群组效果

(20) 选择 工具，按住 Ctrl 键的同时，在如图 4-132 所示的位置绘制规则圆形图案，并对其进行均匀填充。在弹出的对话框中进行如图 4-133 所示的设置。

图4-132 绘制圆形图案

图4-133 参数设置

(21) 填充效果如图 4-134 所示。

(22) 复制所绘圆形图案，使用 工具选中该圆，按住 Shift 键的同时拖动圆形可进行等比例缩放，缩放并进行均匀填充后的效果如图 4-135 所示。

图4-134 填充效果　　　　　　　　　　　图4-135 缩放并填充的效果

(23) 参照步骤（22）和（23）依次绘制其他圆形图案并对其进行填充，如图 4-136 所示，最终得到如图 4-137 所示的效果。

图4-136 依次绘制并填充圆形图案　　　　　　　　　　图4-137 填充后的效果

(24) 绘制形态比较复杂的心形图案。绘制之前为了便于清楚地绘图，先将之前绘制的图案隐藏。选择【工具】/【对象管理器】命令，在窗口右侧弹出【对象管理器】泊坞窗，选择【对象管理器】/【新建图层】命令，将之前绘制的图案拖入此图层中，然后单击泊坞窗中的 图标，将该图层隐藏，过程如图 4-138 所示。利用 和 工具参照原图绘制并调整出如图 4-139 所示的心形图案。

图4-138 新建并隐藏图层的过程

(25) 选中所绘心形图案，选择 ▨ 工具，在弹出的对话框中进行如图 4-140 所示的设置。渐变填充效果如图 4-141 所示。

图4-139 绘制心形图案

图4-140 【渐变填充】对话框

(26) 在所绘心形图案的边缘处使用 ▨ 工具绘制一系列大小不同的圆形图案，并将其填充为红色，群组后调整其位置，效果如图 4-142 所示。

图4-141 渐变填充效果　　　　　　　　　　　图4-142 绘制边缘圆形

(27) 复制上一步所绘的圆形，调整其透明度及位置，最终效果如图 4-143 所示。

(28) 在上一步绘制图案的基础上绘制如图 4-144 所示的心形图案，并将其填充为白色。

图4-143 复制调整后的效果　　　　　　　　　图4-144 绘制内部心形图案

(29) 参照步骤 (24)，单击 ▭ 图标取消隐藏命令，将之前绘制的图案显示，效果如图 4-145 所示。

(30) 在绘制的心形图案中添加文字，使用 工具在适当区域按住鼠标左键创建一文字区域。在字体下拉列表中设置字体为 Ti Tiranti Solid LET ，设置字号为 21 pt ，然后输入 "Clipartkorea"。另起一行，调整字体大小为 9 pt ，输入 "Happiness seems far but sometimes it is at your doorstep"。调整后的效果如图 4-146 所示。

(31) 将超出滑板范围的图案进行隐藏处理。将所绘制的滑板底纹的图案进行群组，选择【效果】命令，在弹出的下拉菜单中选择【图框精确裁剪】/【放置在容器中】命令。在黑色滑板区域单击黑色箭头 ，效果如图 4-147 所示。

图4-145 取消隐藏后的效果　　　　图4-146 添加文字　　　　图4-147 处理效果

(32) 选择最底部的黑色图形，选择 工具，在弹出的【图样填充】对话框中选中【双色】单选按钮，然后单击图案按钮，在弹出的图案选项面板中选择如图 4-148 所示的图案。

(33) 将【图样填充】对话框中的【前部】和【后部】的颜色分别设置为白色和黑色。

(34) 单击 创建(A)... 按钮，弹出【双色图案编辑器】对话框。将【位图尺寸】设置为 32 x 32，再将鼠标指针移动到小方格上，单击即可将选中的方格设置为黑色，修改后的状态如图 4-149 所示。

图4-148 选择图案　　　　　　　图4-149 【双色图案编辑器】对话框

要点提示

将鼠标指针移动到黑色的小方格图形上，单击鼠标右键可以去除黑色方格图形。

(35) 单击 确定 按钮，在【图样填充】对话框中设置其他选项及参数，如图 4-150 所示，

然后单击 确定 按钮。完成后的效果如图 4-151 所示。

图4-150 【图样填充】对话框

图4-151 最终效果

实训

本节综合运用本章所学内容绘制如图 4-152 所示的地球仪图案。

步骤提示

(1) 按 Ctrl+N 组合键新建一个文件。

(2) 利用 ⬭ 工具和 ⬚ 工具绘制如图 4-153 所示的图形，并为其填充颜色。

(3) 绘制如图 4-154 所示的图形。

图4-152 地球仪

图4-153 绘制地球仪表面

图4-154 绘制图形

(4) 利用工具箱中的 ⬚ 工具为绘制好的图形设置透明度。单击属性栏中的【透明度类型】下拉列表框，在弹出的下拉列表中选择【标准】选项，然后在 ⬚──── 100 的文本框中输入数值。注意，图形的透明度均不同，效果如图 4-155 所示。

(5) 以相同方式绘制地球仪的其他部分并为其填充颜色，如图 4-156 所示。

图4-155 透明效果

图4-156 最终效果

习题

操作题

1. 利用本章所学的各种填充工具绘制如图 4-157 所示的图形。

图4-157 绘制的图形 1

2. 利用本章所学的各种填充工具绘制如图 4-158 所示的图形。

图4-158 绘制的图形 2

第5章 文本工具

文字在平面设计中占有重要的地位，利用 CorelDRAW X3 可以灵活地对文字进行输入、编辑和排版。CorelDRAW X3 对【文本】工具进行了很多重大的改进，从而使用户对文字的处理更加方便、高效。本章主要学习【文本】工具的使用方法，包括文本的创建、编辑，使文本适合路径，使文本适合框架，将文本转换为路径，为文本添加特殊效果等。

学习目标

- 掌握文本的创建方法。
- 掌握文本的编辑方法。
- 掌握将文本转换为路径的方法。
- 掌握文本适合路径的方法。
- 掌握文本适合框架的方法。
- 掌握为文本添加特殊效果的方法。

5.1 美术文本与段落文本

在 CorelDRAW 中，文本分为美术文本与段落文本。美术文本适用于文字较少或需要对文字制作特殊效果的编排，段落文本适用于大量的文字编排。

5.1.1 文本的输入

本节讲解美术文本与段落文本的创建和输入方法。

【例5-1】 美术文本与段落文本的输入

本案例中将介绍美术文本与段落文本的输入和编辑方法。

 操作步骤

(1) 选择【文件】/【新建】命令，新建一个绘图文件，参数保持默认设置。

(2) 单击工具箱中的 按钮，移动鼠标指针到工作区域，当鼠标指针变为 时，单击确定文本的输入点。

(3) 切换文字输入法为中文状态，输入文字"计算机辅助平面设计"，即可创建美术字文本。

(4) 单击工具箱中的 按钮，移动鼠标指针到工作区域，当鼠标指针变为 时，单击并拖曳鼠标，拖曳出一个虚线文本框，输入任意一段文字，即可创建段落文本，如图 5-1 所示。

> 文字在平面设计中占有重要的地位，利用 CorelDRAW X3可以灵活地对文字进行输入、编辑和排版。CorelDRAW X3对【文本】工具进行了很多重大的改进，从而使用户对文字的处理更加方便、高效。本章主要学习【文本】工具的使用方法，包括文本的创建、编辑，使文本适合路径，使文本适合框架，将文本转换为路径，为文本添加特殊效果等。

图5-1 创建段落文本

(5) 选择段落文本，在属性栏的 [T 宋体 ▾] 下拉列表中选择【黑体】选项，在 [12 pt ▾] 组合框中输入"14"，即可修改字的大小。

(6) 选择【文本】/【段落格式化】命令，弹出如图 5-2 所示的【段落格式化】泊坞窗，单击【间距】选项组右侧的 ⊗ 按钮，展开其下的选项组，将【段落和行】中【行】选项的数值设置为"200"，将行距调整为双倍大小，如图 5-3 所示。

图5-2 【段落格式化】泊坞窗

图5-3 修改行距

(7) 调整后的效果如图 5-4 所示，此时文本框下方的 □ 图标会变为 ▼，它表示文字溢出文本框，将鼠标指针移动到 ▼ 图标上，当其变为上下箭头时，按住鼠标左键并向下拖曳虚线框，直到文字显示完全后释放鼠标，如图 5-5 所示。

图5-4 文字溢出文本框

图5-5 调整文本框

(8) 移动鼠标指针到文本框右下角的 ⊞ 图标上，当按住向下的箭头并向上、下方向拖曳时，可调整文本的行距；当按住向右的箭头并向左、右方向拖曳时，可调整文字的间距。当把鼠标指针放置在黑色实心矩形上，鼠标指针变为 时，按住鼠标左键并拖曳，即可调整文本框的大小。

拓展知识

本节介绍了美术文本与段落文本的创建方式及基本的调整方法，下面介绍文本的编辑方法。【文字】工具的属性栏如图 5-6 所示。

图5-6 【文字】工具的属性栏

- 【水平镜像】 和【垂直镜像】 ：这是 CorelDRAW X3 新增的一项功能，单击相应的按钮，可以将相应的文本进行水平或垂直镜像。图 5-7 所示为原文字与镜像后的效果。

- 【字体】下拉列表框 ：用于设置字体的样式，其下拉列表中显示系统所带的字体样式。如果在计算机中的"\WINDOWS\Fonts"文件夹中安装了其他字体，也会在该下拉列表中显示。

APPLE ∀ᑷᑷⅬƎ
原文字 水平镜像

∀ᑷᑷⅬƎ ∀ᑷᑷⅬƎ
垂直镜像 水平与垂直镜像

图5-7 原文字与镜像后的效果

- 【字体大小】组合框 12 pt ：用于设置字体的大小。当组合框中没有需要的数值时，也可以在组合框中输入需要的数值。

- 【粗体】 B ：单击该按钮，文字会以粗体显示，该按钮只能用于英文字体。

- 【斜体】 I ：单击该按钮，文字会以倾斜方式显示，该按钮只能用于英文字体。

- 【下画线】 U ：单击该按钮，文字下方显示直线。

图5-8所示为【粗体】、【斜体】及【下画线】的效果。

Pingmian *Pingmian* Pingmian

图5-8 【粗体】、【斜体】及【下画线】的效果

- 【水平对齐】 ：用于设置文字的对齐方式。其下拉列表中有6种对齐方式，如图5-9所示，分别为【无】、【左】、【居中】、【右】、【全部对齐】及【强制调整】。图5-10所示为6种方式的对齐效果。

文字在平面设计中占有重要的地位，利用CoreIDRAW X3可以灵活地对文字进行输入、编辑和排版。CoreIDRAW X3对【文本】工具进行了很多重大的改进，从而使用户对文字的处理更加方便、高效。

无

文字在平面设计中占有重要的地位，利用CoreIDRAW X3可以灵活地对文字进行输入、编辑和排版。CoreIDRAW X3对【文本】工具进行了很多重大的改进，从而使用户对文字的处理更加方便、高效。

右

文字在平面设计中占有重要的地位，利用CoreIDRAW X3可以灵活地对文字进行输入、编辑和排版。CoreIDRAW X3对【文本】工具进行了很多重大的改进，从而使用户对文字的处理更加方便、高效。

左

文字在平面设计中占有重要的地位，利用CoreIDRAW X3可以灵活地对文字进行输入、编辑和排版。CoreIDRAW X3对【文本】工具进行了很多重大的改进，从而使用户对文字的处理更加方便、高效。

全部对齐

文字在平面设计中占有重要的地位，利用CoreIDRAW X3可以灵活地对文字进行输入、编辑和排版。CoreIDRAW X3对【文本】工具进行了很多重大的改进，从而使用户对文字的处理更加方便、高效。

居中

文字在平面设计中占有重要的地位，利用CoreIDRAW X3可以灵活地对文字进行输入、编辑和排版。CoreIDRAW X3对【文本】工具进行了很多重大的改进，从而使用户对文字的处理更加方便、高效。

强制调整

无
左
居中
右
全部对齐
强制调整

图5-9 文字的对齐方式　　　　图5-10 6种对齐方式

- 【显示/隐藏项目符号】 ：单击该按钮（快捷键为 Ctrl+M ），可以在段落的前面显示或隐藏默认的项目符号。

- 【显示/隐藏首字下沉】 ：单击该按钮，可以使段落中的第一个字放大并下沉，再次单击该按钮可取消首字下沉效果。图5-11所示为首字下沉的效果。选择【文本】/【首字下沉】命令，弹出如图5-12所示的【首字下沉】对话框，在该对话框中可以设置文字下沉行数与首字下沉后的空格大小。

文字在平面设计中占有重要的地位，利用CoreIDRAW X3可以灵活地对文字进行输入、编辑和排版。CoreIDRAW X3对【文本】工具进行了很多重大的改进，使用户对文字的处理更加方便高效。

文 字在平面设计中占有重要的地位，利用CoreIDRAW X3可以灵活地对文字进行输入、编辑和排版。CoreIDRAW X3对【文本】工具进行了很多重大的改进，使用户对文字的处理更加方便高效。

首字下沉

☑ 使用首字下沉(U)

外观
下沉行数(N)　　3
首字下沉后的空格(S)　　.0 mm
☐ 首字下沉使用悬挂式缩进(E)

预览(P)　　确定　　取消　　帮助

图5-11 首字下沉的效果　　　　图5-12 【首字下沉】对话框

- 【字符格式化】 $\mathscr{F}$ ：单击该按钮（快捷键为 $\boxed{Ctrl}$ + $\boxed{T}$ ），弹出如图 5-13 所示的【字符格式化】泊坞窗。在其中可以对文字的字体、字号、对齐方式、字符效果和字符位移等进行详细的设置。

图5-13 【字符格式化】泊坞窗

- 【编辑文本】 abl ：单击该按钮，弹出如图 5-14 所示的【编辑文本】对话框，用户可以在该对话框中修改、编辑文本。对话框中各工具的用法与属性栏中的工具用法相似，这里不再介绍。

- 【将文本更改为水平方向】 $\underline{\mathbb{A}}$ ：（快捷键为 $\boxed{Ctrl}$ + $\boxed{,}$ ）默认的文本排列方式为水平排列文本。当文本切换为垂直排列文本后，单击该按钮可转换为水平排列文本。

- 【将文本更改为垂直方向】 $\mathbb{IA}$ ：（快捷键为 $\boxed{Ctrl}$ + $\boxed{.}$ ）单击该按钮，将文本的排列方式设置为垂直排列。

图5-14 【编辑文本】对话框

图 5-15 所示为水平排列文本与垂直排列文本的效果。

图5-15 水平排列文本与垂直排列文本的效果

5.1.2 【字符格式化】命令

选择【文本】/【字符格式化】命令，弹出如图 5-16 所示的【字符格式化】泊坞窗。

- 【字体样式】：在弹出的下拉列表中可以设置字体的样式，包括"普通"、"常规斜体"、"粗体"、"斜体-粗体" 4 种样式，该选项只能用于英文字体。

- 【下画线】、【删除线】、【上画线】：单击右侧的 $\vee$ 按钮，在弹出的下拉列表中选择相应的选项，为文字添加下画线、删除线或上画线。图 5-17 所示为文字分别添加下画线、删除线和上画线的效果。

图5-16 【字符格式化】泊坞窗

平面设计　平面设计　平面设计

下画线　　　　　删除线　　　　　上画线

图5-17 下画线、删除线、上画线效果

- 【大写】：包括 3 个选项，分别是【无】、【小写】和【全部大写】，该选项只能用于英文字体。选择【小写】选项后，可以将选择的英文字母中小写部分变为字号稍小的大写字母。图 5-18 所示为 3 个选项的效果。

CorelDRAW X3　　CORELDRAW X3　　CORELDRAW X3

　　无　　　　　　　　　小写　　　　　　　　全部大写

图5-18　3 个选项的效果

- 【位置】：包括 3 个选项，分别是【无】、【上标】和【下标】，用户可以将选择的文字设为【上标】、【下标】样式。图 5-19 所示为 3 个选项的效果。

$$X3 \qquad X^3 \qquad X_3$$

　　无　　　　上标　　　下标

图5-19　3 个选项的效果

- 【角度】：可以为选择的文字设置旋转角度。当参数为正值时，文字按逆时针旋转；当参数为负值时，文字按顺时针旋转。
- 【水平位移】：可以为选择的文字设置水平位移量。当参数为正值时，文字向右偏移；当参数为负值时，文字向左偏移。
- 【垂直位移】：可以为选择的文字设置垂直位移量。当参数为正值时，文字向上偏移；当参数为负值时，文字向下偏移。

图 5-20 所示为文字分别设置【角度】、【水平位移】、【垂直位移】选项后的效果。

CorelDRAW X3　　CorelDRAW $X3$　　CorelDRAW　X3　　CorelDRAW^{X3}

　　无　　　　　　旋转角度　　　　　　水平偏移　　　　　　垂直偏移

图5-20　设置不同选项后的文字效果

- 【脚本】：用于设置更改作用于文本中哪种类别的文字。当选择【拉丁文】选项时，【字符格式化】泊坞窗中的各选项只对选择的英文与数字起作用。当选择【亚洲】选项时，只对选择的中文起作用。

5.1.3　【段落格式化】命令

选择【文本】/【段落格式化】命令，弹出如图 5-21 所示的【段落格式化】泊坞窗。

- 【对齐】：用于设置选择的文本在水平方向上的对齐方式。
- 【垂直】：用于设置选择的文本在垂直方向上的对齐方式。
- 【%字符高度】：用于设置段落之间或行之间间距使用的单位。
- 【段落前】：用于设置当前段落与前一段落之间的距离。
- 【段落后】：用于设置当前段落与后一段落之间的距离。
- 【语言】：用于设置数字或英文与中文之间的距离。图 5-22 所示为设置不同参数后文字间的间距效果。

图5-21　【段落格式化】泊坞窗

学习CoreIDRAW X3基础知识

语言：0%

学习　CoreIDRAW X3　基础知识

语言：200%

图5-22　不同参数的文字间距效果

- 【字符】：用于设置选择的文本中各个字符间的距离。
- 【字】：用于设置选择的文本中各个单词间的距离。
- 【首行】：用于设置选择的段落首行的缩进量。
- 【左】：用于设置选择的段落除首行外其他各行到文本框左侧的缩进量。
- 【右】：用于设置选择的段落除首行外其他各行到文本框右侧的缩进量。
- 【方向】：用于设置段落文本的排列方向。

5.1.4　美术文本与段落文本的转换

　　首先利用【挑选】工具选择要转换的文本，然后选择【文本】/【转换到段落文本】命令或【转换到美术字】命令，也可以按 Ctrl + F8 组合键对文本进行转化。

　要点提示

　　　　在将段落文本转化为美术字时，首先需要将段落文本的文字全部显示，否则无法使用此命令。

5.2　美术文本转化为曲线

　　在完成平面设计工作后，将作品保存。然后转到另外一台计算机上打开该作品时，如果该作品中使用了不是计算机系统自带的字体，而另外的计算机中又没有安装相应字体，就会弹出【替换字体】对话框，要求寻找另外或类似的字体进行替换。为了避免更改文字与版面的效果，用户可以使用将文本转换为曲线的方法把文字转换为矢量图形。

　　另外，用户在保存文件时，可将文件中使用到的字体也复制一份，然后在另外的计算机中将字体复制到系统的"WINDOWS\Fonts"目录下即可。

　　将文本转化为曲线后，用户可以对转化后的文字路径进行编辑，从而创造出更为丰富的效果。

命令简介

【排列】/【转换为曲线】命令：将文本对象转化为曲线。

【例5-2】 【转换为曲线】命令的使用

利用【转换为曲线】命令绘制如图 5-23 所示的图案。

 操作步骤

(1) 选择【文件】/【新建】命令，新建一个绘图文件。

(2) 单击工具箱中的 按钮，在其属性栏中设置字体为 【O Bodoni MT Black】，字体大小为"24"。然后切换输入法为英文状态，在工作区域中输入大写字母"AS"，效果如图 5-24 所示。

(3) 按 Ctrl+K 组合键将文字拆分为单个文字。再按 Ctrl+Q 组合键将文字转换为曲线。

(4) 单击工具箱中的 按钮，参照图 5-25 选取节点。

图5-23　绘制好的图案　　　　　　　　图5-24　输入文字　　　　　　　　图5-25　选取节点

(5) 按 Delete 键删除选取的节点，效果如图 5-26 所示。

(6) 参照图 5-27，利用 工具调整节点及其控制柄。

(7) 选择如图 5-28 所示的节点，单击属性栏中的 按钮，将其转化为对称节点。

图5-26　删除节点后的效果　　　图5-27　调整节点与控制柄　　　图5-28　选取节点

(8) 利用 工具，参照图 5-29 调整节点的位置及其控制柄的角度与长度。

(9) 调整字母"A"节点后的结果如图 5-30 所示。

(10) 参照步骤(4)～(8)的方法调整字母"S"的形态，最终效果如图 5-31 所示。

图5-29　调整节点后的效果（1）　　图5-30　调整节点后的效果（2）　　图5-31　调整节点后的效果（3）

(11) 单击工具箱中的 按钮，参照图 5-32 绘制图案。

(12) 复制绘制好的图形，并参照图 5-33 调整图形的位置与角度。

(13) 选择所有图形，选择【排列】/【造形】/【焊接】命令，将所有图形焊接为一体，再使用工具调整焊接后的对象，最终效果如图 5-34 所示。

图5-32 绘制图形

图5-33 调整图形的位置与角度

图5-34 最终效果

要点提示　　本节介绍了将文本转化为曲线的方法，利用该方法可以为文字添加更多变化，创造出更为丰富的效果，并且转化为曲线后的文字将不再受计算机系统字体的限制。

5.3 使文字适合路径

命令简介

【文本】/【使文本适合路径】命令：将文本对象适配到选定的路径上。

【例5-3】 制作啤酒瓶盖花纹图样效果

　　灵活运用对象的修剪及移动、复制操作来制作如图 5-35 所示的啤酒瓶盖花纹图样效果。

操作步骤

(1) 按 Ctrl+N 组合键新建一个图形文件。

(2) 按 Ctrl+I 组合键将素材文件 "图库\项目" 目录下名为 "瓶盖.jpg" 的图片导入，如图 5-36 所示。

(3) 利用工具绘制如图 5-37 所示的深红色 （C:2,M:97,Y:26,K:0）的图形。

(4) 利用工具，绘制如图 5-38 所示的圆形。

图5-35 制作的啤酒瓶盖花纹图样效果

图5-36 导入瓶盖

图5-37 绘制深红色的圆形

图5-38 绘制的圆形

(5) 将步骤（3）中绘制的圆复制一份，选择步骤（3）、（4）中绘制的圆，然后选择【排列】/【造形】/【前减后】命令，得到如图 5-39 所示的图形。

(6) 重复步骤（4）和步骤（5），绘制如图 5-40 所示的图形。

(7) 利用 🪣/🖌 工具，由上到下颜色依次填充为红棕色（C:2,M:84,Y:65,K:0），粉红色
（C:2,M:41,Y:28,K:0），棕黄色（C:8,M:99,Y:94,K:0），效果如图 5-41 所示。

图5-39　前减后的效果　　　　　　　图5-40　绘制的图形　　　　　　　图5-41　填充颜色后的效果

(8) 利用 🔷 工具，绘制如图 5-42 所示的土黄色（C:2,M:75,Y:55,K:0）的三角形。

(9) 利用标尺命令将圆心定位在原点。选择三角形，再选择【排列】/【变换】/【旋转】命
令，在弹出的【变换】泊坞窗中设置图形旋转的参数，如图 5-43 所示。

(10) 单击 应用到再制 按钮，在旋转图像的同时将其复制，然后多次单击 应用到再制
按钮，复制成如图 5-44 所示的效果。

图5-42　绘制的土黄色三角形　　　　图5-43　【变换】泊坞窗　　　　　图5-44　复制后的效果

(11) 选择 🔷/⭐ 工具，按住 Ctrl 键绘制正五角星，然后调整其位置和大小，如图 5-45 所示。

(12) 选择步骤 (3) 和步骤 (11) 中绘制的图形，选择【排列】/【造形】/【相交】命令，得到
如图 5-46 所示的图形。

(13) 删除步骤 (11) 中绘制的五角星，并为上一步绘制的图形填充粉红色（C:3,M:84,Y:29,K:0）。

(14) 重复步骤 (11) 的操作，绘制多个五角星，然后调整其位置和大小，如图 5-47 所示。

图5-45　绘制的五角星　　　　　　图5-46　相交后的效果　　　　　　图5-47　绘制的五角星

(15) 分别单击上一步所绘制的路径的属性，由内到外颜色依次填充为土黄色（C:0,M:74,Y:96,K:0）、灰绿色（C:11,M:98,Y:45,K:0）、红色（C:2,M:97,Y:26,K:0）、土黄色（C:2,M:60,Y:96,K:0），并选择【排列】/【顺序】命令调整顺序，效果如图 5-48 所示。

(16) 利用 字 工具制作出如图 5-49 所示的沿路径字母，然后将字母转化为曲线。

(17) 将字母镜像复制一份，并调整其位置，如图 5-50 所示。

图5-48 绘制的五角星　　　　　图5-49 输入文字　　　　　图5-50 镜像后的效果

(18) 按 Ctrl+S 组合键将此文件命名为"啤酒瓶盖花纹图样设计.cdr"并进行保存。

【例5-4】 利用【使文本适合路径】命令绘制如图 5-51 所示的图案。

 操作步骤

(1) 选择【文件】/【新建】命令，新建一个绘图文件。在其属性栏中设置单位为"毫米"，页面大小为"200mm×200mm"，其他参数保持默认设置。

(2) 单击工具箱中的 按钮，在工作区域中绘制一个高度和宽度均为"100mm"的圆。

(3) 选择【窗口】/【泊坞窗】/【变换】/【位置】命令，弹出【变换】泊坞窗，如图 5-52 所示。

(4) 选取圆，在【变换】泊坞窗【位置】选项组中的【水平】数值框中输入"50"，再单击 应用到再制 按钮，移动并复制一个圆形，效果如图 5-53 所示。

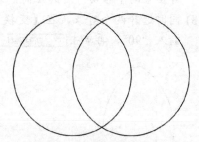

图5-51 绘制好的图案　　　　图5-52 【变换】泊坞窗　　　　图5-53 复制后的圆形效果

(5) 选择【窗口】/【泊坞窗】/【造形】命令，弹出【造形】泊坞窗，如图 5-54 所示。

(6) 选取两个圆形，在【造形】泊坞窗中的下拉列表中选择【相交】选项，取消勾选【来源对象】与【目标对象】复选框，单击 相交 按钮。移动鼠标指针到工作区域，然后在任意一个圆形上单击，即可求得两物体的相交部分，效果如图 5-55 所示。

(7) 从标尺位置拖曳鼠标，拖出一条辅助线，参照图 5-56 移动辅助线的位置。

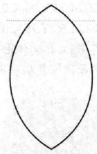

图5-54 【造形】泊坞窗　　　　　图5-55 圆形相交后的效果　　　　　图5-56 辅助线的位置

(8) 单击工具箱中的 按钮，选择相交后的图形，在辅助线与图形相交处双击，添加两个节点，效果如图 5-57 所示。

(9) 选取顶部的节点，按 Delete 键将其删除，效果如图 5-58 所示。

(10) 在工具箱中的 按钮上按住鼠标左键，在弹出的隐藏工具组中选择 工具，然后在属性栏中单击【剪切时自动闭合】按钮 将该功能关闭，在如图 5-59 所示的位置单击，将路径在该点处打断。

图5-57 添加两个节点　　　　　图5-58 删除顶部的节点　　　　　图5-59 打断路径

(11) 在工具箱中的 按钮上按住鼠标左键，在弹出的隐藏工具组中选择 工具，然后选择打断处的节点，将其删除，效果如图 5-60 所示。

(12) 选择切割后的图形，在【变换】泊坞窗中单击【旋转】按钮 ，在【角度】数值框中输入 "180"，再单击 应用到再制 按钮。旋转并复制一个对象，选择复制后的对象，并垂直向下移动一定的距离，效果如图 5-61 所示。

(13) 同时选择两个对象，在【变换】泊坞窗中单击【旋转】按钮 ，在【角度】数值框中输入 "90"，再单击 应用到再制 按钮，效果如图 5-62 所示。

图5-60 删除部分路径　　　　　图5-61 旋转并复制对象　　　　　图5-62 再次旋转并复制对象

(14) 单击工具箱中的 按钮，在属性栏中参照图 5-63 设置相应的选项，然后在工作区域中输入文字 "The quick brown fox jumps over the lazy dog"。

图5-63 属性栏参数

(15) 选取输入的文字，然后选择【文本】/【使文本适合路径】命令，移动鼠标指针到如图 5-64 所示的图形的路径上并单击，让文字适配路径，效果如图 5-65 所示。

图5-64　选择要适配的路径　　　　　　　　　　　　图5-65　文字适配路径

(16) 以相同的方法使文字适配其他的路径，效果如图 5-66 所示。

(17) 图 5-67 所示为其他字体的效果。

图5-66　适配其他路径　　　　　　　　　　　　图5-67　其他字体的效果

本节介绍了使文本适合路径的方法。在适合路径后，用户还可以对文本适合的方式进行编辑。图 5-68 所示为使文字适合路径后属性栏的状态。

图5-68　文字适合路径后的属性栏状态

- 【文字方向】 ：设置文字相对路径的方向，在下拉列表中提供了 5 种方式。这 5 种方式的效果如图 5-69 所示。

图5-69　文字相对路径的方向

- 【与路径距离】 ：设置文字与路径间的距离，图 5-70 所示为两个不同数值的效果。

- 【水平偏移】 ：设置文字与路径起点的偏移距离，图 5-71 所示为两个不同数值的效果。

- 贴齐标记：单击该按钮，在弹出的下拉列表中选中【打开贴齐记号】单选项，如图 5-72 所示，设置【记号间距】后，即可按照设置的数值自动捕捉文本与路径之间的距离。

图5-70 文字与路径间的距离　　　　　图5-71 文字与路径起点的偏移距离　　　　　图5-72 下拉列表

5.4 【段落文本框】命令组

当文本框中的文字太多，超出了文本框的边界时，文本框下方的 □ 符号会变为 ▣，超出文本框的文字将不会被显示，这种情况称为"文字溢出文本框"。要全部显示文本框中的文字，除了调整文本框的大小外，还可以使用以下几种方法。

5.4.1 【链接】命令

当文字溢出文本框时，用户可以使用新的文本框来承接溢出的文字。在窗口中创建一个空白的文本框，同时选择溢出的文本框与空白文本框，再选择【文本】/【段落文本框】/【链接】命令，即可将溢出的文字转接到新的文本框中。

文本框链接后，原来溢出文字的文本框下方的 ▣ 符号会变为 ▤，两个文本框之间显示蓝色的链接线，如图 5-73 所示。

用户还可以使用鼠标直接转接文字。其操作过程如图 5-74 所示。

图5-73 文本框的链接状态

图5-74 操作过程示意

当调整有 ▤ 符号的文本框大小时，文字会自动进行调整，以填充满该文本框，剩余的文字在另一个文本框中显示。

选择【文本】/【段落文本框】/【断开链接】命令，将断开文本框之间的链接关系。这时再调整其中任何一个文本框的大小，文字都不会再在两个文本框之间进行调整。

要点提示 如果对链接后的文本框进行复制，则复制后的文本框会自动断开链接关系。

5.4.2 【按文本框显示文本】命令

选择【文本】/【段落文本框】/【按文本框显示文本】命令，可以按照文本框的大小来重新设置文本框中文字的大小，从而使文本充满文本框。

要点提示 使用【按文本框显示文本】命令来全部显示文字时，文本框的大小不会改变，变化的是文字的大小。

【例5-5】 图文编排

利用【链接】命令和【按文本框显示文本】命令制作如图 5-75 所示的杂志内页。

操作步骤

(1) 按 Ctrl+N 组合键新建一个绘图文件。然后在属性栏中设置单位为"毫米"，页面大小为"210mm×285mm"，其他参数保持默认设置。

(2) 双击工具箱中的 ▢ 按钮，绘制一个与页面大小相同的矩形。填充颜色为"无"，轮廓颜色为黑色。

(3) 在工具箱中的 ✍ 按钮上按住鼠标左键，在弹出的隐藏工具组中选择 ✂ 工具，绘制如图 5-76 所示的图形。

(4) 为绘制的图形填充蓝色（C:20,M:0,Y:0,K:0），无轮廓，如图 5-77 所示。

图5-75 制作杂志内页　　　　图5-76 绘制图形　　　　图5-77 填充图形

(5) 选择【文件】/【导入】命令，导入本书素材文件"资料"目录下名为"帆船01"、"帆船02"、"帆船03"的图片。

(6) 选择导入的 3 幅图片，单击属性栏中的 ▦ 按钮，弹出【对齐与分布】对话框，在【对齐】选项卡中勾选【左】复选框，如图 5-78 所示。然后切换到【分布】选项卡，勾选左侧竖排选项中的【间距】复选框，如图 5-79 所示。

图5-78 【对齐】选项卡中的设置

图5-79 【分布】选项卡中的设置

(7) 单击 应用 按钮，效果如图 5-80 所示。

(8) 单击工具箱中的 字 按钮，输入如图 5-81 所示的文字，设置 "OLYMPICS" 字体为 "幼圆"，字符大小为 "90"，颜色为蓝色（C:20,M:0,Y:20,K:0）；设置 "帆船运动知识" 字体为 "黑体"，字符大小为 "66"，颜色为深蓝色（C:40,M:40,Y:0,K:60）。

(9) 参照图 5-82 分别调整文字的位置与角度。

图5-80 对齐与分布后的效果

OLYMPICS
帆船运动知识

图5-81 输入文字

图5-82 调整文字的位置与角度

(10) 选择 "OLYMPICS" 文字，依次按 Ctrl+C 组合键和 Ctrl+V 组合键将文字复制，然后稍微移动复制后的文字，修改填充颜色为灰色（C:0,M:0,Y:0,K:20）。 按 Ctrl+Page Down 组合键，调整顺序向下一层，效果如图 5-83 所示

(11) 单击工具箱中的 按钮，绘制如图 5-84 所示的两个图形。

图5-83 为文字添加阴影

图5-84 绘制闭合图形

(12) 单击工具箱中的 字 按钮，移动鼠标指针到如图 5-85 所示的位置，当鼠标指针变为 I 时单击鼠标左键。此时图形变为如图 5-86 所示的状态。

图5-85 移动鼠标指针到图中的位置　　　　图5-86 图形转换为文本框

(13) 单击属性栏中的 abl 按钮，弹出如图 5-87 所示的【编辑文本】对话框，在
　　　下拉列表中选择"幼圆"字体样式。

(14) 单击 导入(I)... 按钮，在弹出的【导入】对话框中选择名为"帆船"的文档，单击
　　　导入(I)... 按钮，弹出如图 5-88 所示的【导入/粘贴文本】对话框，保持默认设置，单击
　　　【导入/粘贴文本】对话框中的 确定 按钮，将文字导入【编辑文本】对话框中，并单
　　　击 确定 按钮，导入后的文字效果如图 5-89 所示。

图5-87 【编辑文本】对话框　　图5-88 【导入/粘贴文本】对话框　　图5-89 导入后的文字效果

(15) 选择文本后，再选择【文本】/【段落文本框】/【按文本框显示文本】命令，使文字全
　　　部显示在文本框中，效果如图 5-90 所示。

(16) 调整其他细节部分，杂志内页的最终效果如图 5-91 所示。

图5-90 使文本适合框架　　　　　　图5-91 杂志内页最终效果

(17) 选择【文件】/【保存】命令，将文件命名为"图文排版"并进行保存。

【例5-6】 综合案例

　　本例主要利用【文本】工具，并结合【导入】命令、【对齐和分布】命令来编排如
图 5-92 所示的菜谱。

图5-92　最终效果

为了在设计过程中便于文字的编排，本例先来设置文件大小并添加辅助线。

操作步骤

(1) 按 Ctrl+N 组合键新建一个图形文件，然后单击属性栏中的 按钮，将文件设置为横向，再将 500.0 mm / 380.0 mm 选项的参数分别设置为 "500mm" 和 "380mm"。

(2) 双击 按钮创建一个与页面相同大小的矩形。

(3) 选择【视图】/【辅助线设置】命令，在弹出的【选项】对话框左侧的窗格中选择【垂直】选项，然后在右侧【垂直】下方的文本框中输入 "116"，如图 5-93 所示。

(4) 单击右侧的 添加(A) 按钮，然后依次添加 "193"、"336" 和 "443"，添加的辅助线如图 5-94 所示。

图5-93　设置的垂直辅助线位置参数

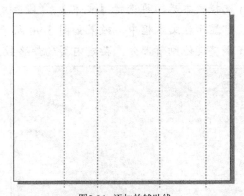

图5-94　添加的辅助线

(5) 按 Ctrl+S 组合键，将此文件命名为 "设计菜谱.cdr" 并进行保存。

下面来绘制菜谱的背景。

(6) 按 Ctrl+I 组合键弹出【导入】对话框，选择素材文件 "资料" 目录下名为 "背景.jpg" 的图片文件，然后单击 导入 按钮，当鼠标指针显示为带有文件名称和说明的导入符号时单击，将文件导入。

(7) 确保属性栏中的 按钮处于未激活状态，然后将【对象大小】的宽度设置为 "500mm"，使导入图像的宽度与页面宽度相同。

(8) 按住 Shift 键的同时单击矩形，将矩形与导入的图像同时选择，然后单击属性栏中的 按钮，在弹出的【对齐与分布】对话框中分别设置如图 5-95 所示的选项。

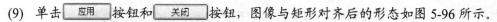

(9) 单击 应用 按钮和 关闭 按钮，图像与矩形对齐后的形态如图 5-96 所示。

图5-95 设置的对齐选项

图5-96 对齐后的形态

(10) 选择 ▢ 工具，捕捉中点，绘制如图 5-97 所示的矩形，填充颜色为黑色（C:0,M:0,Y:0,K:100）。

(11) 选择 ▨ 工具，将属性栏中 线性 ▾ 设置为"线性"，调整操纵杆，为图形添加交互式透明效果，如图 5-98 所示，并去除轮廓线。

图5-97 绘制矩形 1

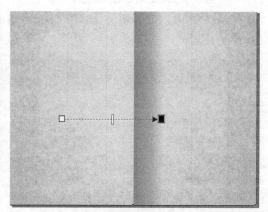

图5-98 添加交互式透明效果

(12) 选择 ▢ 工具，绘制与背景图顶部对齐的矩形，填充颜色为咖啡色（C:100,M:0,Y:100,K:0），如图 5-99 所示。

(13) 复制上述矩形并移至下方，使其与背景图下部对齐，如图 5-100 所示。

图5-99 绘制矩形 2

图5-100 复制并移动

(14) 下面绘制标贴，选择 ⃝ 工具，将鼠标指针移动到背景左上方并单击，设置文字的输入点，然后依次输入如图 5-101 所示的英文字母。

(15) 选择 工具，确认文字的输入，然后在属性栏中的 下拉列表中选择 "黑体"，修改字体后的字母效果如图 5-102 所示。

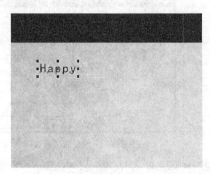

图5-101 输入英文字母 　　　　　　　　　　　图5-102 修改字体后的效果

(16) 选择上述文本，在属性栏中的 下拉列表框中设置字体大小为 "40pt"，颜色填充为咖啡色（C:80,M:100,Y:100,K:0）。

(17) 调整后的文本效果如图 5-103 所示。

(18) 选择 工具，在如图 5-104 所示的位置继续输入英文字母，然后选择 工具，确认文字的输入。

图5-103 调整后的文本效果 1 　　　　　　　　图5-104 输入的英文字母

(19) 文字参数的设置与上面的字母相同，移动文本，效果如图 5-105 所示。

(20) 用相同的方法依次输入下面的文字，大小依次为 "8pt" 和 "16pt"，字体为 "黑体"，颜色与上述字母相同。

(21) 调整文字，文本排列如图 5-106 所示，按住 Shift 键选择以上输入的所有文字，右键单击选择群组。

图5-105 调整后的文本效果 2 　　　　　　　　图5-106 输入的英文字母

(22) 这里用户可选择一种自己喜欢的字体，也可将输入的文字选中，然后选择【排列】/【转换为曲线】命令，将文字转换为曲线，此时文字就具有与图形相同的属性了，利用 工具可对其进行随意调整，直至出现自己想要的文字效果。需要注意的是，文字转换成曲线后，就不再具有文本的属性了。

(23) 利用 🔲 和 🔲 工具绘制如图 5-107 所示的图形。

(24) 将该图形填充为咖啡色（C:90,M:40,Y:80,K:0），并去除轮廓线，效果如图 5-108 所示。

图5-107 绘制图形　　　　　　　　　　　图5-108 填充颜色效果

(25) 继续利用 🔲 和 🔲 工具绘制与上述图形等长的矩形，填充相同的颜色，并去除轮廓线，效果如图 5-109 所示。

(26) 确保菜单栏中的【视图】/【贴齐辅助线】命令处于勾选状态，利用 🔲 工具贴齐辅助线，绘制如图 5-110 所示的矩形，并将其填充为白色，去除轮廓线。

图5-109 绘制图形　　　　　　　　　　　图5-110 绘制矩形

(27) 利用 🔲 和 🔲 工具靠近上述矩形绘制三角形，并复制一份，然后使用 🔲 工具将三角形镜像，填充为白色，去除轮廓线，如图 5-111 所示。

(28) 按住 Shift 键选择步骤 (26)~(27) 绘制的图形，然后单击鼠标右键选择群组。

(29) 选择上述群组的图形，复制一份，使用 🔲 工具将图形镜像，并移至如图 5-112 所示的位置，将两者群组。

图5-111 绘制三角形　　　　　　　　　　图5-112 最终括号图形

(30) 选择 🔲 工具，在如图 5-113 所示的位置输入网址文本，字体设置为 "15pt"。

(31) 继续选择 🔲 工具，在背景右下角输入如图 5-114 所示的文字，字体设置为 "15pt"。

图5-113　在左上角输入网址文本

图5-114　在右下角输入文字

下面编排左侧文本。

(32) 首先在标题栏中输入如图 5-115 所示的标题文字，选择 工具确认文字的输入。

(33) 将字号分别设置为 "30pt" 和 "15pt"，字体为黑体，颜色默认为白色。

(34) 参照步骤 (8)～(9)，按住 Shift 键的同时依次选择两行文字，设置为左对齐，效果如图 5-116 所示。

图5-115　编辑标题

图5-116　设置文字左对齐

(35) 按 Ctrl+I 组合键弹出【导入】对话框，选择素材文件 "资料" 目录下名为 "食品 2.jpg" 的图片文件，将文件导入，然后将文件移至如图 5-117 所示的位置。

(36) 选择 工具，在图片下面输入中文菜名，字体设置为 "黑体"，颜色设置为 "黑色"，字号设置为 "20pt"，如图 5-118 所示。

图5-117　导入图片

图5-118　输入并设置中文菜名

(37) 继续选择 工具，在中文菜名下面输入英文菜名，字体设置为 "Arial"，颜色设置为 "黑色"，字号设置为 "8pt"，如图 5-119 所示。

(38) 参照步骤 (8)～(9)，按住 Shift 键的同时依次选择图片和菜名，将其设置为左对齐，效果如图 5-120 所示。

图5-119 输入并设置英文菜名　　　　　图5-120 图片与文字左对齐

(39) 选择图工具，贴近辅助线创建如图 5-121 所示的文本框。

(40) 在文本框中输入如图 5-122 所示的菜名，字体设置为"黑体"，字号设置为"16pt"。

图5-121 创建文本框　　　　　　　图5-122 输入中文菜名

(41) 按空格键使鼠标指针移动到第二条辅助线附近，然后输入菜价，如图 5-123 所示。

(42) 依次选择图片和右侧的菜名，设置为顶对齐。

(43) 用相同的方法在下面输入英文菜名，字体设置为"Arial"，字号设置为"11pt"，如图 5-124 所示。

图5-123 输入菜价　　　　　　　图5-124 输入英文菜名

(44) 利用图工具，按住 Shift 键贴近辅助线绘制一条直线，如图 5-125 所示。

(45) 参照步骤 (39)～(41)，依次编排下面的文字，效果如图 5-126 所示。

图5-125　绘制一条直线　　　　　　　　　　　　　　图5-126　文字效果

(46) 下面依次导入各种菜的图片，然后将标贴与标题栏进行复制，运用对齐命令按照如图 5-127 所示的方式进行排列。

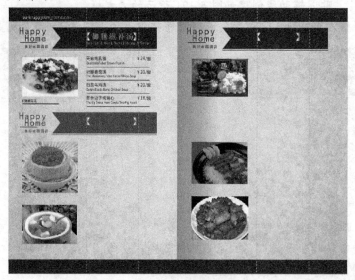

图5-127　版面排列

(47) 参照步骤 (32)～(41) ，依次编排以下文字，最终效果如图 5-128 所示。

图5-128　菜谱的最终效果

实训

本节来制作如图 5-129 所示的企业画册效果。

图5-129 企业画册设计

步骤提示

(1) 新建图形文件后，首先导入右侧的背景图，然后运用 工具制作如图 5-130 所示的透明效果。

(2) 下面依次导入其他背景图，利用 和 工具绘制背景底图，效果如图 5-131 所示。

图5-130 导入右侧的背景图

图5-131 导入并绘制其他背景

(3) 运用美术文本的输入及设置属性方法，再配合 、 和 工具来制作画册中的标贴，效果如图 5-132 和图 5-133 所示。

图5-132 绘制标贴1　　　　　　　　　　　　　　　　　图5-133 绘制标贴2

(4) 导入左侧的商标，运用对齐命令将其调整至如图 5-134 所示的效果。

(5) 依次在画册上绘制图形并输入文字，运用段落文本编辑方法以及对齐命令，完成文字部分的编辑，效果如图 5-135 所示。

图5-134 绘制标贴3　　　　　　　　　　　　　　　　　图5-135 绘制标贴4

(6) 最终效果如图 5-136 所示。

图5-136 最终效果

习题

操作题

1. 利用所学的【文本】工具，绘制如图 5-137 所示的图案。
2. 利用所学的【文本】工具与【填充】工具，绘制如图 5-138 所示的图案。

图5-137　文字适合路径

图5-138　文字适合文本框

第6章 对象的其他操作

前面介绍了 CorelDRAW X3 中的图形绘制与编辑工具、图形填充与轮廓工具、文本创建与编辑工具等。在平面设计中还必须利用其他一些命令来辅助设计工作，使设计工作更高效、更快捷，如复制与删除、对齐与分布、群组、结合和拆分等。用户熟练掌握这些操作可以对平面设计工作有很大的帮助。

学习目标

- 掌握对象的复制与删除方法。
- 掌握【变换】命令的使用方法。
- 掌握调整对象顺序的方法。
- 掌握【造形】命令的使用方法。
- 掌握多个对象的【对齐和分布】命令的使用方法。

6.1 复制、重复与删除

当设计中有相同的图形时，可以先绘制一个图形，然后再对其进行复制。复制对象的方法有很多。

- 选取对象后，选择【编辑】/【复制】命令，再选择【编辑】/【粘贴】命令，即可复制一个对象。
- 选取对象后，按 Ctrl+C 组合键，然后再按 Ctrl+V 组合键，即可复制一个对象。
- 选取对象后，按小键盘中的 + 键，即可复制一个对象。
- 利用 CorelDRAW X3 菜单栏中新增加的【编辑】/【再制】、【仿制】、【步长和重复】命令来复制对象。

6.1.1 【再制】与【仿制】命令

【再制】与【仿制】命令都可以将选取的对象以副本的形式用指定的距离进行复制。使用【再制】命令（快捷键为 Ctrl+D）复制出的图形与原图形相互独立，对原图形进行编辑时不会影响复制后的对象；使用【仿制】命令复制出的图形与原图形存在主次关系，当修改原图形时，复制出的图形也会相应变化。

要点提示

　　使用【再制】命令时，一旦修改复制出的图形，将会自动断开复制出的图形与原图形之间的主次关系，再修改原图形时，将不会影响复制出的图形。

第一次选择【编辑】/【再制】命令时，会弹出如图 6-1 所示的【再制偏移】对话框，用户可以在此设置复制图形相对于原图形偏移的距离。

此后，如果需要再调整再制图形的偏移距离，则需要在【选项】对话框中修改参数。选择【工具】/【选项】命令，在弹出的【选项】对话框左侧依次选择【文档】/【常规】选项，在右侧的参数区即可设置再制偏移的距离，如图 6-2 所示。

图6-1　【再制偏移】对话框　　　　　　图6-2　【选项】对话框

6.1.2　【步长和重复】命令

使用【步长和重复】命令可以设置副本对象的个数，选择【编辑】/【步长和重复】命令，弹出如图 6-3 所示的泊坞窗。

- 　【份数】：设置副本的个数。
- 　【水平设置】与【垂直设置】：分别设置水平与垂直方向副本偏移的距离。在其下拉列表中有如下 3 个选项。

  【偏移】：在其下的选项中设置偏移的距离。

  【无偏移】：不产生偏移。

  【对象之间的间隔】：在其下的选项中设置偏移的距离和方向。

图6-3　【步长和重复】泊坞窗

【偏移】与【对象之间的间隔】选项相似，当选择【偏移】选项时，设置的【距离】是指两对象中心之间的距离；当选择【对象之间的间隔】选项时，设置的【距离】是指两对象相邻边缘的距离。

6.1.3　【重复】命令

使用【编辑】/【重复】命令（快捷键为 Ctrl+R）可以依照上一次的变换方式，再次对选择的对象进行变化处理。利用该命令可以制作出有规律和有韵律感的图案。

6.1.4　【删除】命令

当工作区域中有不需要的对象时，将其选择后，可以选择【编辑】/【删除】命令删除对象，也可以按 Delete 键将其删除。

选择【编辑】/【剪切】命令，即可将对象剪切到剪贴板中，也可以按 Ctrl+X 组合键剪切对象到剪贴板中。

【例6-1】 绘制图案

利用【重复】命令绘制如图 6-4 所示的图案。

操作步骤

(1) 选择【文件】/【新建】命令，新建一个文件。将页面设置为"300mm×300mm"。

(2) 选择【视图】/【辅助线设置】命令，在弹出的【选项】对话框左侧选择【文档】/【辅助线】/【水平】选项，在右侧的文本框中输入数值"150"，单击 添加(A) 按钮。然后选择左侧的【垂直】选项，在右侧的文本框中输入数值"150"，单击 添加(A) 按钮。再单击 确定 按钮，完成辅助线的设置。工作区域中添加的辅助线状态如图 6-5 所示。

图6-4 绘制的图案

图6-5 辅助线状态

(3) 单击工具箱中的 按钮，参照图 6-6 绘制图形。选择绘制好的两个图形，按 Ctrl+L 组合键将两个图形结合为一个对象，填充颜色设置为蓝色（C:100,M:30,Y:0,K:0），轮廓为无。

(4) 确保【视图】/【贴齐辅助线】命令处于选择状态，参照图 6-7 将图形中心对齐到垂直的辅助线上。

图6-6 绘制图形

图6-7 将图形对齐到辅助线

(5) 选择【工具】/【选项】命令，在弹出的【选项】对话框的左侧选择【工作区】/【编辑】选项，右侧的参数设置如图 6-8 所示。

图6-8 【选项】对话框中的参数设置

(6) 选择所有图形，在选取图形的状态下再次单击图形一次，图形周围出现旋转变换框，将旋转中心移动到辅助线的交点位置，效果如图6-9所示。

(7) 按住 Ctrl 键，并将鼠标指针放置在旋转框的右上角，按住鼠标左键并向右下角拖曳，在图形跳跃一次时，单击鼠标右键，释放鼠标后即可旋转并复制图形，如图6-10所示。

图6-9 将旋转中心移动到辅助线的交点位置

图6-10 旋转并复制图形

(8) 连续按6次 Ctrl+R 组合键，将图形复制6次，最终效果如图6-11所示。

(9) 在窗口右侧的对象管理器中选择其中间隔的4个三角形，将其填充为天蓝色（C:40,M:0,Y:0,K:0），效果如图6-12所示。

图6-11 复制图形

图6-12 填充颜色

(10) 导入素材文件目录下名为 "资料/标志.cdr" 的文件。

(11) 选择导入的标志，调整其位置，再参照步骤 (7)～(8)，旋转并复制，最终效果如图 6-13 所示。

图6-13 最终效果

 　　【复制】、【重复】、【剪切】及【删除】等命令在设计中运用得非常多，希望读者能熟练掌握这些命令。

6.2 【变换】命令

CorelDRAW X3 中的【变换】命令可以对选取的对象进行旋转、镜像、缩放和倾斜等变换。变换可以使用【自由变换】工具，也可以使用【变换】泊坞窗。

 命令简介

　　【变换】命令：对所选取的对象进行旋转、镜像、缩放和倾斜等变换。

【例6-2】 【变换】命令的使用

 操作步骤

(1) 选择【文件】/【打开】命令，打开 "变换工具.cdr" 文件，如图 6-14 所示。

(2) 选择【窗口】/【泊坞窗】/【变换】/【位置】命令，弹出【变换】泊坞窗，如图 6-15 所示。

(3) 选择工作区域中的图形，设置【变换】泊坞窗【位置】选项组中的【水平】和【垂直】参数的值分别为 "100" 和 "0"，然后单击 [应用到再制] 按钮，移动并复制图形，效果如图 6-16 所示。

图6-14 打开的文件

图6-15 【变换】泊坞窗 1

图6-16 移动并复制图形

(4) 在【变换】泊坞窗中单击 按钮，泊坞窗的界面切换为如图 6-17 所示的状态。

(5) 选择复制的图形，在【旋转】选项组中设置【角度】的数值为 "90"，勾选【相对中心】复选框。然后单击 应用 按钮。旋转复制的对象，如图 6-18 所示。

图6-17 【变换】泊坞窗 2

图6-18 旋转复制的对象

(6) 在【变换】泊坞窗中单击 按钮，泊坞窗的界面切换为如图 6-19 所示的状态。

(7) 选择旋转后的对象，单击【变换】泊坞窗中的 按钮，然后单击 应用 按钮。将对象在水平方向上进行镜像，效果如图 6-20 所示。

图6-19 【变换】泊坞窗 3

图6-20 镜像对象

(8) 在【变换】泊坞窗中单击 按钮，泊坞窗的界面切换为如图 6-21 所示的状态。

(9) 选择镜像后的图形，在【变换】泊坞窗中的【大小】选项组中设置【水平】的数值为
    "100"，取消勾选【不按比例】复选框，然后单击 [应用] 按钮，将按比例放
    大选择的对象，效果如图 6-22 所示。

图6-21 【变换】泊坞窗 4

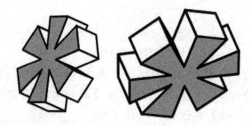

图6-22 放大对象

(10) 在【变换】泊坞窗中单击 按钮，泊坞窗的界面切换为如图 6-23 所示的状态。

(11) 选择镜像后的图形，在泊坞窗中的【倾斜】选项组中设置【水平】的数值为 "-20"，然
    后单击 [应用] 按钮。对象产生倾斜变形，效果如图 6-24 所示。

图6-23 【变换】泊坞窗 5

图6-24 倾斜变形

要点提示

本节中介绍了【变换】泊坞窗的使用方法，除了利用【变换】泊坞窗变换对象
外，用户还可以利用工具箱中的【自由变换】工具 变换对象。

拓展知识

在工具箱中的 按钮上按住鼠标左键，在弹出的隐藏工具组中单击 按钮，其属性栏
如图 6-25 所示。

图6-25 【自由变换】工具属性栏

该工具属性栏选项的用法与【变换】泊坞窗的用法相似，这里就不再介绍。

6.3 调整对象的顺序

当工作区域中同一位置上重叠了多个对象时，常常需要调整对象间的排列顺序，一般最后创建的对象会放置在最上层，之前的对象会按创建顺序先后进行排列。选择【排列】/【顺序】命令，弹出如图 6-26 所示的子菜单，本节将介绍调整对象顺序的方法。

图6-26　【顺序】命令的子菜单

【例6-3】　调整对象顺序的方法

操作步骤

(1) 选择【文件】/【打开】命令，打开"调整对象顺序.cdr"文件，如图 6-27 所示。

(2) 选择【窗口】/【泊坞窗】/【对象管理器】命令，弹出如图 6-28 所示的【对象管理器】泊坞窗。

图6-27　打开的文件

图6-28　【对象管理器】泊坞窗 1

(3) 选择如图 6-29 左图所示的手图形，然后选择【排列】/【顺序】/【到图层前面】命令，该对象将被调整到该图层的最上面。如图 6-30 所示，【对象管理器】泊坞窗中显示图形所在的图层，手图形与水滴图形位于"图层 1"中，执行该命令后，手图形将调整到"图层 1"所有对象的最上面。

图6-29　将对象调整到图层前面

图6-30　【对象管理器】泊坞窗 2

(4) 保持对象的选择状态，选择【排列】/【顺序】/【到页面前面】命令，弹出如图 6-31 所示的提示框，单击 确定 按钮，将该对象调整到所有对象的上面，效果如图 6-32 所示，此时【对象管理器】泊坞窗的状态如图 6-33 所示。用户还可以按 Ctrl+Home 组合键快速地将对象调整到页面的前面。

图6-31 提示框　　　　　　　图6-32 调整结果　　　　　　　图6-33 【对象管理器】泊坞窗 3

(5) 选择如图 6-34 所示的水滴图形，选择【排列】/【顺序】/【置于此对象前】命令，鼠标指针变为 ➡ 状态，将鼠标指针移到箭头图形上，如图 6-35 所示。

图6-34 选择对象　　　　　　　　　　　　图6-35 鼠标指针的位置

(6) 单击后，弹出如图 6-31 所示的对话框，单击 确定 按钮，将所选图形调整到箭头图形的上面，如图 6-36 所示，此时【对象管理器】泊坞窗的状态如图 6-37 所示。

图6-36 调整结果　　　　　　　　　　图6-37 【对象管理器】泊坞窗 4

本节中介绍了调整对象顺序的方法，其他的调整方法与上面所讲的相同，就不再重复。在以后的设计工作中会经常用到这些方法，希望读者能熟练掌握。

6.4 【造形】命令

在设计中往往会绘制一些形态较为复杂的图形，在绘制前要先对图形进行分析，如果该图形可以拆分为几个较容易绘制的基本形状，再利用【造形】命令将基本形状焊接、相交及修剪为需要的图形，这样比直接绘制要快速、准确。

【例6-4】 【造形】命令的使用

利用【造形】命令绘制如图 6-38 所示的标志。

 操作步骤

(1) 按 Ctrl+N 组合键新建一个文件。

(2) 在工具箱中的 按钮上按住鼠标左键，在弹出的隐藏工具组中选择 工具，绘制如图 6-39 所示的两个图形。

(3) 选择【窗口】/【泊坞窗】/【造形】命令，弹出如图 6-40 所示的【造形】泊坞窗。

图6-38 绘制标志

(4) 单击【造形】泊坞窗中的 焊接 下拉列表框，在弹出的下拉列表中选择【修剪】选项（若此时下拉列表框中已经是【修剪】选项，则不需要操作此步），取消勾选【来源对象】和【目标对象】复选框，如图 6-41 所示。

图6-39 绘制两个图形

图6-40 【造形】泊坞窗

图6-41 设置【造形】泊坞窗中的选项

(5) 选择开放的曲线线条，然后单击【造形】泊坞窗中的 修剪 按钮。

(6) 在闭合曲线的路径上单击，修剪后的效果如图 6-42 所示。

(7) 选择修剪后的图形，再选择【排列】/【拆分曲线】命令，将对象拆分。

(8) 单击工具箱中的 按钮，绘制如图 6-43 所示的两个矩形，并使矩形左对齐。

(9) 选择绘制后的矩形，移动并复制多份，效果如图 6-44 所示。

图6-42 修剪后的图形效果

图6-43 绘制两个矩形

图6-44 移动并复制多份矩形

(10) 选择所有较窄的矩形，按 Ctrl+G 组合键进行群组，再选择所有较宽的矩形，同样群组为一体。

(11) 选择【窗口】/【泊坞窗】/【变换】/【倾斜】命令，弹出如图 6-45 所示的【变换】泊坞窗。

(12) 在【倾斜】选项组中的【水平】数值框中输入数值 "-20.0"，如图 6-46 所示。

(13) 选择所有矩形，单击【变换】对话框中的 [应用] 按钮，效果如图 6-47 所示。

图6-45 【变换】泊坞窗

图6-46 设置选项

图6-47 倾斜后的效果

(14) 调整图形到如图 6-48 所示的位置，为了方便后面的操作，设置最初绘制的图形的轮廓颜色为橘色（C:0,M:60,Y:100,K:0），宽度为 "2.822mm"。

(15) 选择如图 6-49 所示的图形，单击【造形】泊坞窗中的 [修剪] 下拉列表框，在弹出的下拉列表中选择【相交】选项，取消勾选【来源对象】和【目标对象】复选框，如图 6-50 所示。

图6-48 调整图形间的位置

图6-49 选择图中的对象

图6-50 选择【相交】选项

(16) 单击 相交 按钮，然后在较宽的矩形路径上单击，相交后的效果如图 6-51 所示。

(17) 选择如图 6-52 所示的图形，单击【造形】泊坞窗中的 相交 按钮，然后在较窄的矩形路径上单击，相交后的效果如图 6-53 所示。

图6-51 相交后的效果　　　　　　　　图6-52 选择对象　　　图6-53 图形相交后的效果

(18) 选择所有的对象，按 Ctrl+U 组合键取消所有对象的群组。

(19) 删除如图 6-54 所示的对象，删除后的效果如图 6-55 所示。

(20) 选择如图 6-56 所示的图形，选择【排列】/【拆分曲线】命令。

图6-54 删除图中选择的对象　　　　图6-55 删除后的效果　　　　图6-56 选择图中右下角的对象

(21) 删除如图 6-57 所示的对象，删除后的效果如图 6-58 所示。

(22) 以相同的方法编辑其他几个图形，效果如图 6-59 所示。

(23) 为对象填充颜色，用户可自定义颜色，最终的效果如图 6-60 所示。

图6-57 删除选择的对象　　图6-58 删除后的效果　　图6-59 编辑其他几个图形后的效果　　图6-60 标志的最终效果

(24) 选择【文件】/【保存】命令，将文件命名为"标志003"并进行保存。

要点提示　　本节介绍了【造形】命令中【修剪】和【相交】选项的使用方法，下面讲解【造形】命令中各选项的功能和用法。

拓展知识

【造形】命令提供了 6 种修改方式，分别为【焊接】、【修剪】、【相交】、【简化】、【前减后】及【后减前】。【造形】命令作用于两个或两个以上有相交部分的图形，常用于将简单图形修改为复杂的图形。在两个或两个以上的图形被选择的状态下，有 3 种使用【造形】命令的方法，分别介绍如下。

(1) 选择【排列】/【造形】命令，如图 6-61 所示。

(2) 使用属性栏中的 按钮。

(3) 使用【造形】泊坞窗，如图 6-62 所示。

图6-61　【排列】/【造形】命令

图6-62　【造形】泊坞窗

- 【焊接】命令：将所选择的两个或两个以上的图形，通过合并修改为一个图形，【焊接】前/后的效果如图 6-63 所示。

- 【修剪】命令：选择两个或两个以上的图形，位于下层的图形减去与其他图形相交的部分。【修剪】前/后的效果如图 6-64 所示。

图6-63　【焊接】前/后的效果

图6-64　【修剪】前/后的效果比较

- 【相交】命令：将选择的两个或两个以上的图形进行相交运算，得到一个相交后的图形，【相交】前/后的效果如图 6-65 所示。

- 【简化】命令：此命令相当于修剪功能，修剪掉被选择的多个重合的图形中被遮盖的不可见的部分，使图形更加精简。【简化】前/后的图形效果如图 6-66 所示。

图6-65　【相交】前/后的效果比较

图6-66　【简化】前/后的图形效果比较

- 【前减后】命令：选择两个或两个以上的图形并执行此命令，处于下层的图形对最上层的图形进行修剪，并保留修剪后的最上层图形。使用【前减后】命令前/后的效果如图 6-67 所示。

- 【后减前】命令：与【前减后】命令正好相反，被修剪的是位于最下层的图形。使用【后减前】命令前/后的效果如图 6-68 所示。

图6-67 使用【前减后】命令前/后的效果

图6-68 使用【后减前】命令前/后的效果

在【造形】泊坞窗中执行【焊接】、【修剪】和【相交】操作时，还有两个选项，如图 6-69 所示，设置这两个选项，可以在选择运算时保留【来源对象】或【目标对象】。

图6-69 【造形】泊坞窗

"来源对象"是指在绘图窗口中先选择的图形。"目标对象"是指选择命令后在绘图窗口中后选择的图形。

- 【来源对象】：勾选此复选框，在选择【焊接】、【修剪】和【相交】命令时，除了得到修整后的图形外，同时保留一份【来源对象】。

- 【目标对象】：勾选此复选框，在选择【焊接】、【修剪】和【相交】命令时，除了得到修整后的图形外，同时保留一份【目标对象】。

在选择多个图形时，属性栏新增【创建边界】按钮 ，此按钮和【焊接】命令的作用相似，但是该按钮不会破坏原来的对象。工作原理是将选择的对象复制，然后焊接复制后的对象，利用焊接后的对象生成新的图形轮廓。图 6-70 所示为原图形与创建新边界的效果。

图6-70 原图形与创建新边界的效果

 6.5 【对齐和分布】命令

【对齐和分布】命令是非常重要的命令，尤其在版面设计中使用得非常多。利用这两个命令可以使版面布局更有次序。

当选择了多个对象后，单击属性栏中的 按钮，将弹出如图 6-71 所示的【对齐与分布】对话框。

【例6-5】 【对齐和分布】命令的使用

利用【对齐和分布】命令绘制如图 6-72 所示的图形。

图6-71 【对齐与分布】对话框

图6-72 最终效果

操作步骤

(1) 选择【文件】/【新建】命令，新建一个文件。

(2) 单击工具箱中的 █ 按钮，绘制一个大小为 "160mm×160mm" 的矩形，轮廓为 "黑发丝"，填充颜色为无。

(3) 导入背景图片，将其调整至合适的位置及大小，如图 6-73 所示。

(4) 单击工具箱中的 █ 按钮，绘制一个大小为 "10mm×10mm" 的矩形，填充颜色为灰色，然后选中此矩形，使用【交互式阴影】工具 █ 形成如图 6-74 所示的单元形。

图6-73 导入背景图

(5) 单击工具箱中的 ▨ 按钮，选择单元形，按住 Ctrl 键，然后按住鼠标左键并向右拖曳一定的距离，并在释放鼠标前单击鼠标右键，移动并复制出一个单元形，效果如图 6-75 所示。

图6-74 单元形

图6-75 移动并复制单元形

(6) 选择复制后的单元形，连续按9次 Ctrl+R 组合键，复制9个单元形，效果如图 6-76 所示。选择这 11 个矩形，按 Ctrl+G 组合键进行群组，得到日历转轴孔效果。

图6-76 复制并群组

(7) 单击工具箱中的 字 按钮，设置字体为 "黑体"，字号为 "24"，在适当位置分别输入汉字 "日"、"一"、"二"、"三"、"四"、"五"、"六"，并调整颜色，如图 6-77 所示。

图6-77 输入文字

(8) 单击工具箱中的 🔲 按钮，设置字体为"黑体"，字号为"24"，在适当位置绘制一个 "10mm×10mm"的数字区域，按住 Ctrl 键，然后按住鼠标左键向右拖曳一定的距离，并在释放鼠标前单击鼠标右键，移动并复制出区域形，选择复制后的区域形，连续按 5 次 Ctrl+R 组合键，复制 5 个数字区域，效果如图 6-78 所示。

图6-78 复制后的效果

(9) 同理，复制其他数字区域，效果如图 6-79 所示。

图6-79 复制后的效果

(10) 单击工具箱中的 🔲 按钮，在各个数字区域中分别输入 1～31 的数字，字体为"黑体"，字号为"24"，并调整周末对应的日期颜色为红色。

(11) 依次选择数字"1"与汉字"三"，注意顺序不能反。

(12) 单击属性栏中的 🔲 按钮，在弹出的【对齐与分布】对话框中勾选如图 6-80 所示的复选项，单击 应用 按钮，然后单击 关闭 按钮。日期"1"与星期"三"对齐，效果如图 6-81 所示。

图6-80 【对齐与分布】对话框 1

图6-81 对齐效果

(13) 同理，选中数字 "4" 与汉字 "六"，单击属性栏中的 按钮。在弹出的【对齐与分布】对话框中勾选如图 6-82 所示的复选框，单击 应用 按钮，然后单击 关闭 按钮。日期 "4" 与星期 "六" 对齐，效果如图 6-83 所示。

图6-82 【对齐与分布】对话框2

图6-83 对齐效果

(14) 同理，选中数字 "1～4"，在【对齐与分布】对话框中勾选如图 6-84 所示的复选框，使数字 1～4 等间距分布，如图 6-85 所示。

图6-84 【对齐与分布】对话框3

图6-85 分布效果

(15) 分别使数字 "5"、"12"、"19"、"26" 左对齐，"4"、"11"、"18"、"25" 右对齐，各行数字分别等间距分布。最后使行之间也等间距分布，效果如图 6-86 所示。

图6-86 对齐与分布后的效果

(16) 同理，输入农历日期并进行排列，效果如图 6-87 所示。

(17) 输入年、月等其他信息并进行调整，得到最终效果，如图 6-88 所示。

图6-87　输入农历日期并进行排列

图6-88　最终效果

拓展知识

　　本节介绍了【对齐与分布】对话框的使用方法，下面介绍该对话框中各选项的功能和用法，【对齐】与【分布】选项卡分别如图 6-89 和图 6-90 所示。

图6-89　【对齐】选项卡

图6-90　【分布】选项卡

(1)　【对齐】选项卡。

①　竖排选项组。

- 【上】：使所有选择的对象上对齐。
- 【中】：使所有选择的对象在垂直方向上居中对齐。
- 【下】：使所有选择的对象下对齐。

②　横排选项组。

- 【左】：使所有选择的对象向左对齐。
- 【中】：使所有选择的对象在水平方向上居中对齐。
- 【右】：使所有选择的对象向右对齐。
- 【对齐对象到】：对齐对象的基准点，即所有对象改变位置向该点对齐，单击其右侧的 ✓ 按钮，在弹出的下拉列表中提供了 5 种对齐方式，分别是【活动对象】、【页边】、【页面中心】、【网格】和【指定点】。
- 【用于文本来源对象】：单击其右侧的 ✓ 按钮，在弹出的下拉列表中提供了 3 种对齐方式，分别是【第一条线的基线】、【最后一条线的基线】和【装订框】。

(2)　【分布】选项卡。

①　竖排选项组。

- 【上】：使所有选择的对象上侧之间的间距相等。
- 【中】：使所有选择的对象垂直方向上的中心之间的间距相等。

第 6 章 对象的其他操作

- 【间距】: 使所有选择的对象垂直方向的间距相等。
- 【下】: 使所有选择的对象下侧之间的间距相等。
② 横排选项组。
- 【左】: 使所有选择的对象左侧之间的间距相等。
- 【中】: 使所有选择的对象水平方向上的中心之间的间距相等。
- 【间距】: 使所有选择的对象水平方向的间距相等。
- 【右】: 使所有选择的对象右侧之间的间距相等。
- 【分布到】: 该选项组有两个选项, 分别是【选定的范围】与【页面的范围】。 【选定的范围】为默认选项, 依照所有对象的最大边界进行分布;【页面的范围】依照页面的边界进行分布。

6.6 综合案例——绘制插画

本节将通过对象的其他操作, 综合运用各功能绘制如图 6-91 所示的插画。

 操作步骤

(1) 按 Ctrl+N 组合键新建一个图形文件。
(2) 单击工具箱中的 □ 按钮, 绘制一个矩形, 设置其大小为 "110mm×60mm", 颜色填充为 "黑色", 无发丝, 如图 6-92 所示。

图6-91 最终效果

图6-92 绘制矩形

(3) 单击工具箱中的 ⬠ 按钮, 绘制一个三角形, 大小为 "5mm×3mm", 并变换形状, 设置的参数如图 6-93 所示, 得到一个尖端水平向右的三角形, 如图 6-94 所示。

图6-93 变换参数

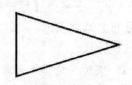

图6-94 三角形

(4) 选中三角形，选取轮廓工具 ，设置发丝颜色为"白色"，填充颜色为"白色"。确保【视图】/【贴齐对象】命令处于勾选状态，将三角形对齐到矩形边缘线上，如图 6-95 所示。

(5) 选择【窗口】/【泊坞窗】/【变换】/【位置】命令，弹出【变换】泊坞窗。选中上一步中绘制好的三角形，将【垂直】数值框中的数值修改为"-6"，然后单击 应用到再制 按钮。连续按 7 次 Ctrl+R 组合键，偏移并复制三角形，并将所有的三角形进行群组，效果如图 6-96 所示。

(6) 选择所有对象，单击属性栏中的 按钮。然后在弹出的【对齐与分布】对话框的【对齐】选项卡中勾选【左】复选框，如图 6-97 所示，单击 应用 按钮，然后单击 关闭 按钮，将所有对象左对齐。

图6-95 对齐到边缘

图6-96 复制并群组三角形

图6-97 【对齐与分布】对话框

(7) 保持对象的选取状态，单击属性栏中的【后减前】按钮 ，修剪后的效果如图 6-98 所示。

(8) 同理，绘制"3mm×3mm"大小的圆形，复制并群组图形，调整位置之后选择所有对象，再次单击属性栏中的【后减前】按钮 ，修剪后的效果如图 6-99 所示。

图6-98 修剪效果

图6-99 再次修剪效果

(9) 单击工具箱中的 按钮，设置字体为"Jokerman"，字号为"55pt"，输入如图 6-100 所示的文字。

(10) 输入其他文字，并通过变换调整其大小、位置及方向。选择【复杂星形】工具 ，绘制星形并与"美丽约会2"进行对齐，如图 6-101 所示。

图6-100 输入文字   图6-101 输入其他文字并进行设置

(11) 绘制两个横向长条矩形，将其填充为"白色"，无发丝轮廓。然后再绘制 6 个白色纵向
长条矩形，对齐排列。

(12) 选取矩形对象，单击属性栏中的【焊接】按钮 ，焊接后的效果如图 6-102 所示。

图6-102 焊接效果

(13) 绘制黑色矩形并对其进行排列组合，选中上两步中绘制的所有矩形，单击属性栏中的
修剪按钮 ，修剪后的效果如图 6-103 所示。

图6-103 修剪效果

(14) 添加其他文字及效果，得到的最终效果如图 6-104 所示。

图6-104 最终效果

(15) 选择【文件】/【保存】命令，将文件命名为"插画"并进行保存。

下面综合运用前面所学内容制作如图 6-105 所示的装饰图案。

图6-105　装饰图案

步骤提示

(1) 按 Ctrl+N 组合键新建一个文件。

(2) 导入各种水果的图片，并使其位置不要重叠。

(3) 选择最上方的图形，然后单击属性栏中的 按钮，在弹出的【对齐与分布】对话框中设置对齐选项为上对齐，如图 6-106 所示。同理，设置最左侧图片为左对齐，最右侧图片为右对齐，最下边图片为下对齐。

(4) 选择最左侧图片，设置【对齐与分布】对话框中如图 6-107 所示的分布选项，单击 应用 按钮，将其进行调整。用相同的方法，将其他两列图片选择后设置【对齐及分布】对话框中的分布选项，调整分布。

图6-106　【对齐与分布】对话框 1

图6-107　【对齐与分布】对话框 2

(5) 利用 字 工具及【对齐与分布】命令，在图片的下方依次输入相应的文字。

(6) 绘制其他小装饰图形并填充颜色，得到最终效果，如图 6-108 所示。

图6-108 最终效果

 习题

一、填空题

1. 按_____键，可以按上次的操作再次对对象进行变换处理。

2. 按_____键，可以快速调整对象到最下层。

3. 【造形】命令包括 6 种修改方式，分别是_____、_____、_____、

_____、_____及_____。

二、操作题

1. 利用所学的重复对象的方式，绘制如图 6-109 所示的图案。

2. 利用所学的【重复】命令与【造形】命令，绘制如图 6-110 所示的图案。

图6-109 绘制好的图案

图6-110 绘制好的图案

CorelDRAW X3 有一些特殊的效果工具及命令（如交互式效果工具、【图框精确剪裁】命令和【添加透视】命令等），用户熟练掌握这些特殊效果工具及命令对平面设计有很大的帮助。

- 掌握交互式效果工具。
- 掌握【图框精确剪裁】命令的使用方法。
- 掌握【添加透视】命令的使用方法。

7.1 交互式效果工具

交互式效果工具是功能非常强大的一组工具，包括【交互式调和】工具、【交互式轮廓图】工具、【交互式变形】工具、【交互式阴影】工具、【交互式封套】工具、【交互式立体化】工具及【交互式透明】工具等。利用这些工具可以制作出灵活、丰富的特殊效果。

7.1.1 【交互式调和】工具

利用【交互式调和】工具可以在两个图形间生成渐变的形状和颜色的中间图形。【交互式调和】工具的属性栏如图 7-1 所示。

图7-1 【交互式调和】工具的属性栏

- 【预设列表】 预设... ：CorelDRAW X3 中自带了一些渐变调和效果，单击后在弹出的下拉列表中选取任意一种样式，可以为选择的两个图形产生渐变调和效果。

- 【添加预设】 ：单击该按钮，在弹出的【另存为】对话框中可将当前制作的调和效果进行保存。

- 【删除预设】 ：单击该按钮，可将预设下拉列表中选取的样式删除。

- 【步长或调和形状之间的偏移量】 ：在此选项中设置调和图形中间图形的个数与偏移量，步数越高，调和效果越细腻。图 7-2 所示为两个不同调和步数的效果。

图7-2 两个不同调和步数的效果

- 【调和方向】![icon].0![spinner]°：可以对调和后的中间图形进行旋转。当输入正值时，图形将以逆时针方向旋转；当输入负值时，图形将以顺时针方向旋转。图 7-3 所示为设置不同调和方向时的图形对比效果。

30   −30   0

图7-3 不同调和方向

- 【环绕调和】![icon]：当【调和方向】的数值不为"0"时，该按钮才可用。该按钮会让中间的调和图形围绕调和中心进行旋转，图 7-4 所示为【调和方向】为"−30"，激活![icon]按钮时的效果。

图7-4 激活【环绕调和】的效果

- 【直接调和】![icon]：在调和时，中间调和颜色变化范围在色盘上两种颜色直线间的色彩。图 7-5 所示为色盘的颜色范围与调和效果。

- 【逆时针调和】![icon]：在调和时，中间调和颜色变化范围在色盘上两种颜色逆时针旋转间的色彩。图 7-6 所示为色盘的颜色范围与调和效果。

图7-5 色盘的颜色范围与调和效果 1

图7-6 色盘的颜色范围与调和效果 2

- 【顺时针调和】![icon]：在调和时，中间调和颜色变化范围在色盘上两种颜色顺时针旋转间的色彩。图 7-7 所示为色盘的颜色范围与调和效果。

- 【对象和颜色加速】![icon]：单击该按钮，弹出如图 7-8 所示的【对象和颜色加速】控制器，通过拖曳滑块可以调整渐变路径上的图形和色彩分布。在【对象和颜色加速】控制器中，调整不同的数值所产生的图形调和对比效果如图 7-9 所示。

图7-7 色盘的颜色范围与调和效果 3

图7-8 【对象和颜色加速】控制器

图7-9 不同数值所产生的图形调和效果

- 【加速调和时的大小调整】![icon]：此选项用于在控制使用调和加速时，影响中间调和图形的程度。图 7-10 所示为使用此按钮前/后的图形调和对比效果。

图7-10 使用加速调和前/后的图形调和效果

- 【杂项调和选项】 🔧 ：单击该按钮，在弹出的下拉面板中可以设置其他的调和选项。
- 【起始和结束对象属性】 📝 ：单击该按钮，在弹出的下拉菜单中选择相应的命令，可以重新选择调和的起点或终点。
- 【路径属性】 🖌 ：单击该按钮，在弹出的下拉菜单中选择【新建路径】命令，并可以在工作区域中选择新的线条作为渐变的路径。
- 【清除调和】 ⊘ ：单击该按钮，可将选择的调和对象上的调和效果清除，恢复到调和前的状态。

7.1.2 【交互式轮廓图】工具

【交互式轮廓图】工具与【交互式调和】工具相似，【交互式调和】工具可在两个或两个以上的图形间产生调和效果，而【交互式轮廓图】工具只用于一个图形。图 7-11 所示为【交互式轮廓图】工具的属性栏，下面介绍属性栏中的选项。

预设...	⊹ -	X: -29.125 mm	↔ 102.965 mm				1		2.54 mm									

图7-11 【交互式轮廓图】工具的属性栏

- 【到中心】 ⊞ ：使图形的轮廓线由图形的外轮廓向图形的中心产生调和效果。
- 【向内】 ⊡ ：使图形的轮廓线由图形的外轮廓向内延伸，产生调和效果。
- 【向外】 ⊠ ：使图形的轮廓线由图形的外轮廓向外延伸，产生调和效果。

图 7-12 所示为同一图形的 3 种不同轮廓图样式。

图7-12 同一图形的 3 种不同轮廓图样式

- 【轮廓图步长】 🔲 1 ：用于设置轮廓扩展的个数，数值越大，产生的轮廓层次越多。在使用【到中心】 ⊞ 的扩展样式时，该选项不可用。图 7-13 所示为两种不同【轮廓图步长】值的效果。
- 【轮廓图偏移】 🔲 2.54 mm ：该选项用于设置轮廓线之间的距离。数值越大，轮廓线之间的距离越大；数值越小，轮廓线之间的距离越小。图 7-14 所示为两种不同【轮廓图偏移】值的效果。

第 7 章 特殊效果工具及命令

149

图7-13　两种不同数值的轮廓图步长　　　　　　　图7-14　两种不同数值的轮廓图偏移

- 【轮廓色】 🖊■∨：该选项用于设置轮廓图中最后延展的轮廓颜色。
- 【填充色】 🖊■∨：该选项用于设置图形的填充颜色。
- 【对象和颜色加速】 🔲：单击该按钮，弹出【对象和颜色加速】控制器，通过拖曳滑块可以调整物体与颜色的加速速度。

7.1.3　【交互式变形】工具

【交互式变形】工具可以为对象添加各种变形效果。它提供了 3 种变形方式，分别是【推拉变形】 ⊗、【拉链变形】 ⊗ 及【扭曲变形】 ⊗。下面分别对其进行介绍。

1.【推拉变形】 ⊗

【推拉变形】通过向图形的中心或外部推拉产生变形效果。推拉的方向和位置不同，产生的效果也不一样，图 7-15 所示为推拉前的图形与两种推拉方式效果的比较。

图 7-16 所示为【推拉变形】方式的属性栏，下面介绍其中的选项。

图7-15　推拉变形效果　　　　　　　图7-16　【推拉变形】方式的属性栏

- 【添加新的变形】 🔄：单击该按钮，可以让已产生变形效果的图形再次进行变形。
- 【推拉失真振幅】 ⌇0 ：此选项用于设置图形推拉变形的振幅大小。当对图形进行推变形时，数值为负值。当对图形进行拉变形时，数值为正值。此数值的绝对值越大，变形越明显，数值范围为-200～200。
- 【中心变形】 ⊞：单击该按钮，可以使图形以其中心位置为变形中心进行变形。
- 【转换为曲线】 ⟳：单击该按钮，可以将变形后的图形转换为曲线，并且可以使用【形状】工具 ⟋对其进行进一步的调整。

2.【拉链变形】 ⊗

【拉链变形】可以产生带有尖锐锯齿状的变形效果，图 7-17 所示为【拉链变形】的效果。

图 7-18 所示为【拉链变形】方式的属性栏，下面介绍其中的选项。

图7-17 拉链变形效果

图7-18 【拉链变形】方式的属性栏

- 【拉链失真振幅】 ：该选项用于控制变形图形的拉链变形幅度，数值范围为 "0～100"。图 7-19 所示为不同数值的变形效果。

- 【拉链失真频率】：该选项用于控制变形图形的变形频率，数值范围为 "0～100"。数值越大，变形失真效果越明显。图 7-20 所示为不同数值的失真效果。

图7-19 不同数值的变形效果 　　　　　　　图7-20 不同数值的失真效果

- 【随机变形】：单击该按钮，可使变形效果产生随机效果。
- 【平滑变形】：单击该按钮，可使变形效果在尖锐处平滑。
- 【局部变形】：单击该按钮，可使图形产生局部变形的效果。

这 3 个按钮可以交叠使用，图 7-21 所示为分别单击 3 个按钮后的效果。

图7-21 分别单击 3 个按钮后的效果

3. 【扭曲变形】

【扭曲变形】可以使图形产生旋转扭曲的效果，图 7-22 所示为【扭曲变形】的效果。
图 7-23 所示为【扭曲变形】方式的属性栏，下面介绍其中的选项。

图7-22 扭曲变形效果 　　　　　　　　图7-23 【扭曲变形】方式的属性栏

- 【顺时针旋转】：单击该按钮，可使图形的扭曲变形为顺时针方向旋转。
- 【逆时针旋转】：单击该按钮，可使图形的扭曲变形为逆时针方向旋转。

图 7-24 所示为两种变形旋转方向的效果。

- 【完全旋转】：该选项用于控制图形绕旋中心旋转的圈数，数值越大，旋转的圈数越多。图7-25所示为不同旋转圈数的效果。
- 【附加角度】：该选项用于控制图形扭曲变形旋转的角度，数值范围为"0～359"。图7-26所示为不同旋转角度的效果。

图7-24 两种变形旋转方向的效果　　　图7-25 不同旋转圈数的效果　　　图7-26 不同旋转角度的效果

7.1.4 【交互式阴影】工具

【交互式阴影】工具可以为对象添加投影效果。产生投影的对象可以为矢量图形、文字及位图图像等，用户还可以编辑阴影的颜色、位置及方向等。图 7-27 所示为对图形和图片添加的投影效果。

图7-27 图形和图片的投影效果

图 7-28 所示为【交互式阴影】工具的属性栏，下面介绍其中的选项。

图7-28 【交互式阴影】工具的属性栏

- 【阴影偏移】：该选项用于设置阴影与原图形在水平与垂直方向上的偏移距离。
- 【阴影角度】 -52：该选项用于设置阴影的角度，数值范围为"-360～360"。
- 【阴影的不透明】 50：该选项用于设置阴影的不透明度，数值范围为"0～100"。
- 【阴影羽化】 15：该选项用于设置阴影的羽化程度，数值范围为"0～100"。数值越大，羽化效果越明显，阴影越模糊。
- 【阴影羽化方向】：单击该按钮，弹出如图 7-29 所示的控制器，用户可在弹出的控制器中选择羽化的方向。
- 【阴影羽化边缘】：在【阴影羽化方向】控制器中选择了除【平均】方式外的羽化方向，该按钮才可用。单击该按钮，弹出如图 7-30 所示的控制器，用户可选择羽化边缘的样式。

图7-29 【阴影羽化方向】控制器

图7-30 【阴影羽化边缘】控制器

- 【淡出】 `0` ：该选项控制阴影的淡化效果，数值越大，阴影越淡。
- 【阴影延展】 `50` ：该选项控制阴影的延展距离，数值越大，阴影越长。
- 【透明度操作】 `乘` ：用于设置阴影的透明度样式。
- 【阴影颜色】 ：单击该下拉列表框后，在弹出的下拉列表中设置阴影的颜色。

7.1.5 【交互式封套】工具

【交互式封套】工具可以对图形和文字产生封套变形效果。在使用该工具后，图形或文字的周围会添加蓝色虚线变形控制框，拖曳控制框上的节点或控制柄，可以改变对象的形状。图7-31所示为交互式封套的变形效果。

图7-32所示为【交互式封套】工具的属性栏，下面介绍其中的选项。

图7-31 交互式封套的变形效果

图7-32 【交互式封套】工具的属性栏

【交互式封套】工具共有 4 种封套模式，分别是【封套的直线模式】、【封套的单弧模式】、【封套的双弧模式】及【封套的非强制模式】。其中【封套的非强制模式】为默认的封套模式。下面逐一对其进行介绍。

- 【封套的直线模式】：这种模式的封套，在调整的时候，节点间以直线连接。图7-33所示为添加产生的变形效果。
- 【封套的单弧模式】：这种模式的封套，在调整的时候，节点间以单弧形式连接。图7-34所示为添加产生的变形效果。

图7-33 【封套的直线模式】的变形效果   图7-34 【封套的单弧模式】的变形效果

- 【封套的双弧模式】：这种模式的封套，在调整的时候，节点间以双弧形式连接。图7-35所示为添加产生的变形效果。
- 【封套的非强制模式】：前面的 3 种封套模式在调整的时候，节点处都没有控制柄，只有这种模式有控制柄，可使调整的灵活性更大。图7-36所示为添加产生的变形效果。

图7-35 【封套的双弧模式】的变形效果

图7-36 【封套的非强制模式】的变形效果

 要点提示 当使用前 3 种封套模式时，在调节一个节点时，按住 Ctrl 键，可使相对的节点也向相同方向调整；按住 Shift 键，可使相对的节点向相反方向调整。

- 【添加新封套】 ：在添加封套变形后，用户可以单击该按钮，为对象再次添加新的封套以进行变形处理。
- 【映射模式】 自由变形 ：在其下拉列表中有 4 种模式，分别是【水平】、【原始的】、【自由变形】及【垂直】。
- 【保留线条】 ：该按钮在激活状态下，可保持图形中直线路径不变形为曲线。
- 【创建封套自】 ：单击该按钮，可以将工作区域中已有的封套效果复制到当前选取的图形上。

7.1.6 【交互式立体化】工具

利用【交互式立体化】工具可以使二维的图形产生三维的效果，并可以编辑立体化的方向、立体化的深度及光照的方向等效果。图 7-37 所示为图形转化为立体的效果，图 7-38 所示为【交互式立体化】工具的属性栏。

图7-37 立体效果

图7-38 【交互式立体化】工具的属性栏

下面介绍其中的选项。

- 【预设列表】 预设... ：CorelDRAW X3 中自带了一些立体化方式，单击该下拉列表框后，在弹出的下拉列表中选取任意一种样式，可以为选择的两个图形产生相应的立体化效果。
- 【立体化类型】 ：单击该下拉列表框后，弹出如图 7-39 所示的列表，在 CorelDRAW X3 中提供了 6 种立体化类型，分别是【小后端】、【小前端】、【大后端】、【大前端】、【后部平行】及【前部平行】。

图7-39 【立体化类型】列表

- 【深度】 20 ：该选项用于设置立体化的进深长度。数值越大，深度越深。
- 【灭点坐标】 -168.318 mm / -83.511 mm ：该选项用于设置立体化图形的透视灭点坐标位置。
- 【灭点属性】 锁到对象上的灭点 ：此下拉列表中包括【锁到对象上的灭点】、【锁到页上的灭点】、【复制灭点，自】和【共享灭点】4 个选项。

【锁到对象上的灭点】选项：在 CorelDRAW X3 的默认状态下灭点锁定到图形上。当移动图形时，灭点和立体效果将会随图形的移动而移动。

【锁到页上的灭点】选项：选择此选项，图形的灭点将会被锁定到页面上。当移动图形的位置时，灭点将会保持不变。

【复制灭点，自】选项：选择此选项，鼠标指针将会变为圆形，此时可以将一个矢量立体化图形的灭点复制给另一个矢量立体化图形。

【共享灭点】选项：选择此选项，可以使多个图形共同使用一个灭点。

- 【VP 对象/VP 页面】：当不激活此按钮时，【灭点坐标】中的数值是相对于图形中心的距离。单击此按钮后，该按钮会变为，灭点坐标将以页面为参考，此时【灭点坐标】选项中的数值是相对于页面的坐标原点距离。
- 【立体的方向】：单击该按钮，会弹出如图 7-40 所示的【立体的方向】控制器。

将鼠标指针移动到此控制器中，当鼠标指针变为手形符号时，按住鼠标左键并拖曳，旋转此控制器中的数字"3"按钮，可以调节绘图窗口中立体化图形的视图角度。单击按钮，该控制器将切换为如图 7-41 所示的状态。用户可以通过输入数值的方式控制旋转的角度。

- 【颜色】：单击该按钮，会弹出如图 7-42 所示的【颜色】控制器。在该控制器中可以设置立体化对象颜色填充的方式及填充颜色。

图7-40 【立体的方向】控制器 1 　　图7-41 【立体的方向】控制器 2 　　图7-42 【颜色】控制器

- 【斜角修饰边】：单击该按钮，会弹出如图 7-43 所示的【斜角修饰边】控制器。利用该控制器可以对立体化图形的边缘进行斜角修饰效果，如图 7-44 所示。
- 【照明】：单击该按钮，会弹出如图 7-45 所示的【照明】控制器。利用该控制器可以对立体化的图形使用光照效果。

图7-43 【斜角修饰边】控制器 　　图7-44 斜角修饰效果 　　图7-45 【照明】控制器

7.1.7 【交互式透明】工具

图 7-46 所示为【交互式透明】工具的属性栏，下面介绍其中的选项。

图7-46 【交互式透明】工具的属性栏

- 【编辑透明度】：单击该按钮，会弹出如图 7-47 所示的【渐变透明度】对话框，在该对话框中可以调整相应的参数改变透明效果。CroelDRAW X3 使用颜色的亮度代表透明度，其中，黑色表示完全透明，白色表示完全不透明，灰色按照颜色的明度值转换为相应的透明度。

图7-47 【渐变透明度】对话框

- 【透明度类型】 线性 ：单击该下拉列表框后，将弹出【透明度类型】下拉列表，可以选择任意透明选项，对绘图窗口中的图形添加透明渐变效果。
- 【透明度操作】 正常 ：单击该下拉列表框后，将弹出【透明度操作】下拉列表，可以选择任意选项，改变图形的透明度渐变类型。
- 【透明中心点】 100 ：用于控制透明的强度大小。数值越大，透明度越高；数值越小，透明度越低。
- 【渐变透明角度和边界】 ：用于设置透明渐变方向的角度值以及透明变化点与图形中点的距离，其中，边界的数值范围为 "0～49"。
- 【透明度目标】 全部 ：在此选项中包括【填充】、【轮廓】和【全部】3 个选项，通过选择不同的选项，可以将图形的透明效果应用于图形中不同的部位。
- 【冻结】按钮 ：激活该按钮，可冻结图形的透明效果，这样在移动图形时，图形间的叠加效果不产生改变。再次单击该按钮，可取消图形的冻结效果。

7.1.8　交互式效果工具综合应用——绘制按钮

本节综合利用【交互式调和】工具、【交互式透明】工具和【交互式阴影】工具绘制如图 7-48 所示的按钮图形。

  操作步骤

(1) 选择【文件】/【新建】命令，新建一个文件。

(2) 单击工具箱中的 按钮，在工作区域中绘制一个矩形。

(3) 单击工具箱中的 按钮，拖曳其中任意一个角点，将矩形圆角化，效果如图 7-49 所示。

图7-48 按钮图形

图7-49 圆角化矩形

(4) 复制一个圆角矩形，按住 Shift 键，在水平方向上缩小矩形，效果如图 7-50 所示。

(5) 在垂直方向上缩小矩形，缩小后的效果如图 7-51 所示。注意，两个矩形水平中心应贴齐。

图7-50 水平方向上缩小矩形

图7-51 垂直方向上缩小矩形

(6) 为大的圆角矩形填充颜色（C:100,M:80,Y:0,K:0），为小的圆角矩形填充颜色（C:60,M:60,Y:10,K:0），两个矩形均无轮廓。效果如图 7-52 所示。

(7) 单击工具箱中的 按钮，移动鼠标指针到小矩形上，如图 7-53 所示，然后按住鼠标左键并拖曳到大矩形的中心位置，释放鼠标，如图 7-54 所示，使两个图形产生调和效果，如图 7-55 所示。

图7-52 填充颜色

图7-53 选择矩形

图7-54 拖曳到大矩形的中心位置

图7-55 调和效果

(8) 选择【视图】/【简单线框】命令，切换视图查看模式。

要点提示　为了让读者看清楚下面的绘制效果，先暂时使用【简单线框】视图查看模式。

(9) 单击工具箱中的 按钮，在工作区域中绘制一个大小及位置如图 7-56 所示的圆角矩形。

(10) 选择最后绘制的圆角矩形，选择菜单栏中的【效果】/【添加透视】命令，出现如图 7-57 所示的透视变形控制框。

图7-56 再绘制一个圆角矩形

图7-57 透视变形控制框

(11) 按住 Shift+Ctrl 组合键，向左拖曳右上角的控制点，如图 7-58 所示。

(12) 在适当的位置释放鼠标，透视变形的效果如图 7-59 所示。

图7-58 调整控制点

图7-59 透视变形

(13) 稍微调整变形后矩形的大小和位置，效果如图 7-60 所示。

(14) 选择【视图】/【增强】命令，切换视图查看模式。为最后绘制的矩形填充白色，图形设置为无轮廓，效果如图 7-61 所示。

图7-60 调整矩形的大小和位置

图7-61 填充颜色

(15) 在工具箱中的 按钮上按住鼠标左键，在弹出的隐藏工具组中选择 工具，移动鼠标指针到白色矩形上，然后按住 Ctrl 键，从白色矩形中心位置向下拖曳，如图 7-62 所示。

(16) 在适当的位置释放鼠标，透明效果如图 7-63 所示。

图7-62 交互式透明效果

图7-63 透明效果 1

(17) 稍稍向上移动如图 7-64 所示的长方形图标，调整透明的变化点。调整后的效果如图 7-65 所示。

图7-64 调整透明的变化点

图7-65 透明效果 2

(18) 选择最初绘制的矩形，注意不要选择中间的调和图形，在工具箱中的 按钮上按住鼠标左键，在弹出的隐藏工具组中选择 工具，在如图 7-66 所示的位置从左上向右下拖曳鼠标，为图形添加阴影效果。阴影效果如图 7-67 所示。

图7-66 拖曳鼠标

图7-67 阴影效果

(19) 在属性栏中单击 ，在弹出的颜色列表中选择蓝色（C:100,M:0,Y:0,K:0），修改阴影的颜色，效果如图 7-68 所示。

(20) 单击工具箱中的 按钮，在工作区域中输入文字"Apple"，调整文字的位置和大小，如图 7-69 所示。

图7-68 修改阴影的颜色

图7-69 输入文字

(21) 为文字填充颜色（C:100,M:30,Y:0,K:30），效果如图 7-70 所示。

(22) 选择文字，单击工具箱中的 按钮，从文字的中心向右下方向稍微拖曳，如图 7-71 所示，为文字添加阴影效果，效果如图 7-72 所示。

图7-70 修改文字的颜色

图7-71 拖曳鼠标

图7-72 为文字添加阴影效果

(23) 选择文字，按 $\boxed{\text{Ctrl}}$+$\boxed{\text{Page Down}}$ 组合键将文字顺序向下调整一层，最终的效果如图 7-73 所示。其他字体的效果如图 7-74 所示。

图7-73　最终效果

图7-74　其他字体的效果

7.2　【图框精确剪裁】命令

使用【图框精确剪裁】命令可以将一个对象放置在封闭的路径中，位于路径内部区域的对象将显示，位于路径外部的对象将被隐藏。

【例7-1】　【图框精确剪裁】命令的使用

选择【效果】/【图框精确剪裁】命令创建如图 7-75 所示的光盘效果。

图7-75　光盘效果

 操作步骤

(1) 选择【文件】/【新建】命令，新建一个文件，并设置页面为"横向"。

(2) 单击工具箱中的 ◯ 按钮，绘制如图 7-76 所示的 4 个圆形。

(3) 选择最外与最内部的两个圆形，按 $\boxed{\text{Ctrl}}$+$\boxed{\text{L}}$ 组合键将两个圆形结合为一个对象，填充颜色为黑色，无轮廓。设置另外两个圆形为无填充，轮廓为白色，宽度为 "1.0mm"，效果如图 7-77 所示。

图7-76　绘制大小不同的 4 个圆形

图7-77　填充图形对象

(4) 选择【文件】/【打开】命令，打开名为 "笔刷 04.cdr" 的文件，如图 7-78 所示，选择全部图形，按 $\boxed{\text{Ctrl}}$+$\boxed{\text{C}}$ 组合键。

(5) 切换窗口到绘制 "光盘" 的文档，按 $\boxed{\text{Ctrl}}$+$\boxed{\text{V}}$ 组合键将图形粘贴到当前文档中。

(6) 选择粘贴的图形，再选择【效果】/【图框精确剪裁】/【放置在容器中】命令。

(7) 移动鼠标指针到黑色填充的圆形路径上并单击，将图形放置到容器中，效果如图 7-79 所示。

图7-78　打开的文件

图7-79　将图形放置到容器中

(8)　保持对象的选取状态，再选择【效果】/【图框精确剪裁】/【编辑内容】命令。工作区域将切换到如图 7-80 所示的编辑内容状态。

(9)　调整图形的位置与大小，如图 7-81 所示。

图7-80　编辑内容状态

图7-81　调整图形

(10)　选择【效果】/【图框精确剪裁】/【结束编辑】命令，退出内容编辑状态，编辑后的效果如图 7-82 所示。

(11)　输入文字，并调整文字的大小和位置。最终效果如图 7-83 所示。

图7-82　结束编辑

图7-83　最终效果

 要点提示

　　　　【图框精确剪裁】命令在设计中经常用到，希望读者能熟练掌握该工具的使用与调整方法。

7.3 【添加透视】命令

CorelDRAW X3 提供的【添加透视】命令能将二维图形通过透视变形产生三维效果。

【添加透视】命令可以为对象创建两种透视效果，分别是单点透视与双点透视。

- 单点透视：对象的相邻两边消失于一个灭点。
- 双点透视：对象的相邻两边消失于两个灭点。

【例7-2】 【添加透视】命令的使用

绘制手提袋的图案，并利用【添加透视】命令制作如图 7-84 所示的手提袋。

图7-84 设计制作的手提袋

 操作步骤

(1) 按 Ctrl+N 组合键新建一个文件。

(2) 绘制手提袋线框图，步骤如图 7-85 所示。手提袋的部件分解如图 7-86 所示。

图7-85 绘制手提袋的步骤

(3) 为对象填充颜色，填充时使用的基本上都是红色调，但需注意红色的深浅不同，如图 7-87 所示。

图7-86 手提袋的部件分解

图7-87 为对象填充颜色

(4) 选择如图 7-88 所示的图形，将其复制一份，然后选择复制后的对象，填充颜色为白色。其效果如图 7-89 所示。

图7-88 选择的对象

图7-89 填充颜色为白色

(5) 在工具箱中的 ⊞ 按钮上按住鼠标左键，在弹出的隐藏工具组中选择 ✄ 工具，然后在属性栏中的 无 ⯆ 下拉列表中选择【线性】选项，使对象产生交互式透明效果，如图 7-90 所示。

(6) 再次调整交互式透明效果，如图 7-91 所示。完成的效果如图 7-92 所示。

图7-90 交互式透明效果

图7-91 调整交互式透明效果

(7) 导入素材文件目录下名为 "资料/咖啡.cdr" 的文件。

(8) 调整导入的咖啡图案与手提袋之间的位置，效果如图 7-93 所示。

图7-92 调整后的效果

图7-93 调整咖啡图案与手提袋之间的位置

(9) 选择【视图】/【贴齐对象】命令，开启贴齐对象的捕捉模式。

(10) 通过捕捉将咖啡杯图形精确贴齐到手提袋的左下角位置，如图 7-94 所示。移动后的效果如图 7-95 所示。

图7-94 通过捕捉移动对象

图7-95 移动后的效果

(11) 选择咖啡图形，再选择【效果】/【添加透视】命令，如图 7-96 所示，出现透视变形调整框。

(12) 调整对象的透视效果，如图 7-97、图 7-98 和图 7-99 所示。

图7-96 透视变形调整框

图7-97 调整对象的透视变形 1

图7-98　调整对象的透视变形 2　　　　　　　　　　图7-99　调整对象的透视变形 3

(13) 完成的透视变形效果如图 7-100 所示。

(14) 选择手提袋图形中的交互式透明对象，按 Shift + Page Up 组合键调整交互式透明对象的顺序到最上层，效果如图 7-101 所示。

图7-100　完成的透视变形效果　　　　　　　　　　图7-101　调整图形对象间的顺序

(15) 以相同的方法绘制另外形态的手提袋，效果如图 7-102 所示。

图7-102　最终效果

(16) 选择【文件】/【保存】命令，将文件命名为"手提袋.cdr"并进行保存。

案例小结

　　本小节中利用【添加透视】命令与辅助线的捕捉功能绘制了手提袋的效果，在制作产品包装盒的立体效果中经常用到这种方式，希望读者能够熟练掌握。

7.4　综合案例 1——绘制标志

　　利用基本绘图工具与交互式调和工具绘制如图 7-103 所示的标志。

操作步骤

(1)　按 Ctrl+N 组合键新建一个文件。

(2)　单击工具箱中的 按钮，绘制一个圆形。单击属性栏中的 按钮，将圆形转变为弧形，修改属性栏中的 的数值分别为 "120"、"270"。效果如图 7-104 所示。

图7-103　绘制好的标志

(3)　选择【视图】/【贴齐对象】命令，开启对象捕捉模式。若已开启捕捉，就不需要操作这一步，后面的操作也是如此。

(4)　通过捕捉弧形的两个端点和弧形中点，绘制 3 个圆形，圆形的大小和位置如图 7-105 所示。

(5)　单击工具箱中的 按钮，从上方的小圆形处向中间的大圆形位置拖曳，如图 7-106 所示，将两个圆形调和。

图7-104　绘制弧形

图7-105　绘制的 3 个圆形

图7-106　调和两个圆形

(6)　选择【窗口】/【泊坞窗】/【调和】命令，弹出如图 7-107 所示的【调和】泊坞窗。

(7)　单击【调和】泊坞窗中的 按钮，在弹出的菜单中选择【新路径】命令，移动鼠标指针到最初绘制的圆弧上，如图 7-108 所示。单击鼠标左键，设置圆弧为调和路径。新路径效果如图 7-109 所示。

图7-107 【调和】泊坞窗

图7-108 选择圆弧

图7-109 新路径效果

(8) 在【调和】泊坞窗中设置【步长】为"11",如图 7-110 所示,然后单击 应用 按钮,
效果如图 7-111 所示。

图7-110 设置【调和】泊坞窗中的选项

图7-111 修改步长值

(9) 单击【调和】泊坞窗中的 按钮,向左稍稍拖曳【加速对象】下面的滑块,如图 7-112
所示,然后单击 应用 按钮,效果如图 7-113 所示。

图7-112 拖曳【加速对象】下面的滑块

图7-113 修改加速对象

(10) 单击工具箱中的 按钮,从下方的小圆形处向中间的大圆形位置拖曳,如图 7-114 所
示,将两个圆形调和。

(11) 参照步骤 (7)~(10),修改另一端的调和效果,修改后的效果如图 7-115 所示。

第 7 章 特殊效果工具及命令

图7-114 调和另外两个圆形

图7-115 修改调和效果

(12) 选择调和后的圆形，按 Ctrl+K 组合键将对象拆分，将最初的圆弧删除，选择所有圆形，然后按 Ctrl+G 组合键将所有对象群组。

(13) 填充对象颜色为黑色，无轮廓，效果如图 7-116 所示。

(14) 通过复制、旋转、移动等操作来调整对象，效果如图 7-117 所示。

图7-116 为对象填充颜色

图7-117 复制、旋转对象

(15) 分别为图形填充不同的色彩，色彩可自行设定，也可参考给出的色彩设置，如图 7-118 所示。

(16) 单击 按钮，绘制一个如图 7-119 所示的矩形。按 Shift+Page Down 组合键将矩形放置到最后。设置填充颜色为黑色，无轮廓，效果如图 7-119 所示。

（C:100, M:0, Y:0, K:0）
（C:20, M:80, Y:0, K:20）
（C:100, M:0, Y:100, K:0）
（C:0, M:0, Y:100, K:0）
（C:0, M:100, Y:100, K:0）
（C:0, M:30, Y:100, K:0）

图7-118 色彩设置参考值

图7-119 将绘制的矩形放置到最后

167

7.5 综合案例 2——绘制 POP 画

本任务主要利用【矩形】工具、【折线】
工具、【贝塞尔】工具、【形状】工具、【渐变
填充】工具、【椭圆形】工具和【交互式透
明】工具来绘制如图 7-120 所示的 POP 画。

 操作步骤

首先来绘制 POP 画背景。

图7-120 绘制的 POP 画

(1) 按 [Ctrl]+[N] 组合键新建一个图形文件，单
    击工具箱中的 按钮，同时按住 [Ctrl] 键
    绘制出如图 7-121 所示的圆。

(2) 单击工具箱中的 按钮，弹出【渐变填充】对话框，设置各选项及参数如图 7-122 所示。

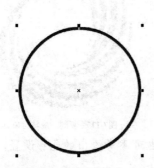

图7-121 绘制的圆形

图7-122 【渐变填充】对话框 1

(3) 单击 确定 按钮，为图形填充渐变色，然后将图形的外轮廓线去除。

(4) 运用相同的方法绘制第二个小圆，单击工具箱中的 按钮，弹出【渐变填充】对话
    框，设置各选项及参数如图 7-123 所示。

(5) 单击 确定 按钮，为图形填充渐变色，并将图形的外轮廓线去除，效果如图 7-124 所示。

图7-123 【渐变填充】对话框 2

图7-124 渐变填充效果

(6) 按 [Ctrl]+[I] 组合键弹出【导入】对话框，选择素材文件 "资料" 目录下名为 "风景.jpg" 的图片文件，然后单击 [导入] 按钮，当鼠标指针显示为带有文件名称和说明的导入符号时单击，将文件导入，调整其大小，并放于适当位置，效果如图 7-125 所示。

(7) 单击工具箱中的 ⬭ 按钮，同时按住 [Ctrl] 键，绘制如图 7-126 所示的圆，并填充为白色，去除轮廓线。

图7-125 导入背景图

图7-126 绘制圆形

(8) 单击工具箱中的 🖌 按钮，将属性栏中 [线性] 设置为 "线性"，如图 7-127 所示，调整操纵杆，为图形添加交互式透明效果。

(9) 继续利用 🖊 和 🖊 工具，绘制并调整出如图 7-128 所示的树叶图形。

图7-127 添加交互式透明效果

图7-128 绘制的树叶图形

(10) 单击工具箱中的 🔲 按钮，弹出【渐变填充】对话框，设置各选项及参数如图 7-129 所示。

(11) 单击 [确定] 按钮，然后将图形的外轮廓线去除，填充渐变色后的图形效果如图 7-130 所示。

图7-129 【渐变填充】对话框

图7-130 填充渐变色后的图形效果

(12) 用与步骤 (9)～(11) 相同的方法，依次绘制并调整出如图 7-131 所示的树叶细节部分图形。

(13) 单击工具箱中的■按钮，弹出【均匀填充】对话框，设置各选项及参数如图 7-132 所示，最后去除轮廓线。

图7-131 绘制细节部分图形

图7-132 【均匀填充】对话框

(14) 单击工具箱中的 按钮，将属性栏中 线性 ▽ 设置为 "线性"，参照图 7-133 调整操纵杆，分别为图形添加交互式透明效果。

图7-133 添加交互式透明效果

(15) 复制如图 7-131 所示的树叶图形轮廓，并利用 工具将其调整至如图 7-134 所示的样式，为图形填充淡绿色（C:20,M:0,Y:57,K:0），并去除轮廓。效果如图 7-135 所示。

图7-134 绘制细节部分

图7-135 填充颜色

(16) 单击工具箱中的 按钮，将属性栏中 线性 ▽ 设置为 "线性"，参照图 7-136 调整操纵杆，为图形添加交互式透明效果。

(17) 继续运用 工具，将属性栏中 射线 ▽ 设置为 "射线"，参照图 7-137 调整操纵杆，为另外一个图形添加交互式透明效果。

图7-136 添加交互式透明效果

图7-137 添加交互式透明效果

(18) 利用 ![icon] 和 ![icon] 工具，绘制并调整出如图 7-138 所示的叶脉图形。

(19) 选择 ![icon] 工具，弹出【渐变填充】对话框，设置各选项及参数如图 7-139 所示。

图7-138 调整出的叶脉图形

图7-139 【渐变填充】对话框

(20) 利用 ![icon] 和 ![icon] 工具，绘制并调整出如图 7-140 所示的树叶高光图形，并填充为白色。

(21) 选择 ![icon] 工具，将属性栏中 射线 设置为"射线"，调整操纵杆，为图形添加如图 7-141 所示的交互式透明效果。

图7-140 绘制高光部分

图7-141 添加交互式透明效果

　　下面利用【贝塞尔】工具、【形状】工具和【渐变填充】工具来绘制露珠图形。

(22) 利用 ![icon] 和 ![icon] 工具，绘制并调整出如图 7-142 所示的图像，填充深蓝色（C:100,M:0,Y:100,K:0）并去除外轮廓。

(23) 复制上述图形，选择 ![icon] 工具，弹出【渐变填充】对话框，设置各选项及参数如图 7-143 所示。

图7-142 绘制的露珠图形

图7-143 【渐变填充】对话框

(24) 单击 确定 按钮，然后将图形的外轮廓线去除，填充渐变色后的图形效果如图 7-144 所示，然后稍向左上方向移动该图形，如图 7-145 所示。

图7-144 渐变填充

图7-145 移动图形

(25) 利用 工具绘制露珠高光部分，填充为白色并去除轮廓线，如图 7-146 所示。

(26) 选择 工具，将属性栏中 线性 设置为"线性"，调整操纵杆，为图形添加交互式透明效果，如图 7-147 所示。

图7-146 绘制高光部分

图7-147 添加交互式透明效果

(27) 复制高光图形并改变其大小和位置，如图 7-148 所示。

(28) 分别将树叶和露珠群组，然后复制树叶和露珠，运用镜像、旋转和移动等命令改变其大小、位置和方向，效果如图 7-149 所示。

图7-148 复制移动高光部分　　　　　　　图7-149 复制树叶和露珠

(29) 按 Ctrl+I 组合键弹出【导入】对话框，选择素材文件"资料"目录下名为"LOGO.cdr"的文件，然后单击 [导入] 按钮，当鼠标指针显示为带有文件名称和说明的导入符号时单击，将艺术字导入，最终效果如图 7-150 所示。

图7-150 最终效果

 实训

本节主要利用【矩形】工具、【折线】工具、【贝塞尔】工具、【形状】工具、【填充】工具、【椭圆形】工具和【交互式透明】工具来绘制如图 7-151 所示的宣传单。

图7-151 设计制作的宣传单

步骤提示

(1) 新建一个页面大小为"155mm×75mm"，横向幅面的文件。

(2) 利用【矩形】工具和辅助线来绘制如图 7-152 所示的底图。然后利用🖊工具绘制线条。

(3) 选择绘制好的线条，单击工具箱中的🖊按钮，在弹出的隐藏工具中选择🖊工具，弹出【轮廓笔】对话框。在【轮廓笔】对话框中设置【颜色】选项为"白色"，【宽度】为"0.706mm"，【样式】为"虚线"，如图 7-153 所示。单击 确定 按钮，效果如图 7-154 所示。

图7-152 绘制图形

图7-153 设置【轮廓笔】对话框中的选项

(4) 选择虚线线条，在工具箱中的📐按钮上按住鼠标左键，在弹出的隐藏工具组中选择🍸工具，移动鼠标指针到靠近线条的中心位置，按住鼠标左键并向左上拖曳，在适当的位置释放鼠标，完成的透明渐变效果如图 7-155 所示。

图7-154 线条的效果

图7-155 透明渐变效果

(5) 单击工具箱中的⬭按钮，按住 Ctrl 键，然后在如图 7-156 所示的位置绘制一个圆形。

(6) 在属性栏中单击 发丝 ⌄，将参数设置为"2.822mm"，设置圆形为无填充，轮廓色为(C:65,M:100,Y:0,K:0)。然后在工具箱中的🔲按钮上按住鼠标左键，在弹出的隐藏工具中选择🔲工具，在属性栏中单击【向外】按钮🔲，设置 ⬚1 ⌃⌄ 的数值为"3"，⬚2.54 mm ⌃⌄ 的数值为"2"，🖌■⌄颜色为（C:0,M:0,Y:20,K:0），效果如图 7-157 所示。

图7-156 绘制圆形

图7-157 轮廓图效果

(7) 同理制作出另一个圆形图案，如图 7-158 所示。

(8) 单击工具箱中的◯按钮，按住 Ctrl 键，绘制第 3 个圆形，为圆形填充颜色为"白色"，无轮廓。再利用工具箱中的◯按钮，单击属性栏中的 无 ▾，在弹出的下拉列表中选择【射线】选项，为圆形设置透明变化效果，如图 7-159 所示。

图7-158　制作另一个圆

图7-159　再绘制一个圆形

(9) 输入路径文字，如图 7-160 所示。利用工具箱中的【交互式轮廓图】工具◯，为文字设置如图 7-161 所示的效果。

图7-160　输入文字

图7-161　文字轮廓图效果

(10) 输入其他文字，如图 7-162 所示，选择所有的对象，按 Ctrl+G 组合键将其组合为一体。任意移动组合后对象的位置以偏离原位。双击工具箱中的◯按钮，再绘制一个与页面相同大小的矩形。选择群组的对象，选择【效果】/【图框精确剪裁】/【放置在容器中】命令，将对象置入容器。

图7-162　在宣传单上输入文字

图7-163　将对象置入容器

(11) 编辑容器内的内容，使图案正确显示，最终效果如图 7-164 所示。

图7-164 最终效果

 习题

操作题

1. 利用所学的交互式工具绘制如图 7-165 所示的按钮。

2. 利用所学的【添加透视】命令绘制如图 7-166 所示的图案。

图7-165 绘制好的按钮

图7-166 绘制好的立方体

第8章 位图的处理

CorelDRAW X3 除了可以用来绘制矢量图形外，还具有处理位图图像的强大功能。利用 CorelDRAW X3 中【位图】菜单中的命令能够制作出精彩的图像艺术效果，可以为位图图像添加丰富的效果，在平面广告和海报等创作中运用非常广泛。本章主要介绍 CorelDRAW X3 中位图的颜色调整及特效制作，需要注意的是，【位图】菜单中大多数命令只能应用于位图，要想应用于矢量图形，需要先将矢量图形转换成位图。

学习目标

- 了解位图的颜色调整。
- 了解各个位图特效命令的功能。
- 灵活运用【位图】菜单中的命令。
- 熟悉位图与矢量图的相互转换。

8.1 【效果】/【调整】命令组

利用【效果】菜单中的【调整】、【变换】和【校正】命令，可以对位图图像中由于曝光过度或感光不足而呈现的瑕疵部分进行调整，从而全面提高位图图像的色彩效果。

1. 调整

- 【高反差】命令：可以将图像的颜色从最暗区到最亮区重新分布，以此来调整图像的阴影、中间色和高光区域的明度对比。
- 【局部平衡】命令：可以提高图像边缘颜色的对比度，使图像产生高亮对比的线描效果。
- 【取样/目标平衡】命令：可以用提取的颜色样本来重新调整图像中的颜色值。
- 【调合曲线】命令：可以改变图像中单个像素的值，以此来精确修改图像局部的颜色。
- 【亮度/对比度/强度】命令：可以均等地调整选择图形或图像中的所有颜色。
- 【颜色平衡】命令：可以改变多个图形或图像的总体平衡。当图形或图像上有太多的颜色时，使用此命令可以校正图形或图像的色彩浓度以及色彩平衡。这是从整体上快速改变颜色的一种方法。
- 【伽玛值】命令：在对图形或图像阴影、高光等区域影响不太明显的情况下，可以改变对比度较低的图像细节。
- 【色度/饱和度/亮度】命令：可以通过改变所选图形或图像的色度、饱和度和亮度值，来改变图形或图像的色调、饱和度和亮度。
- 【所选颜色】命令：可以在色谱范围内按照选定的颜色来调整组成图像颜色的百分比，从而改变图像的颜色。

- 【替换颜色】命令：可以将一种新的颜色替换图像中所选的颜色。对于选择的新颜色，用户还可以通过【色度】、【饱和度】和【亮度】选项进行进一步的设置。
- 【取消饱和】命令：可以自动去除图像的颜色，转成灰度效果。
- 【通道混合器】命令：可以通过改变不同颜色通道的数值来改变图像的色调。

2. 变换与校正

- 【去交错】命令：可以把扫描图像过程中产生的网点消除，从而使图像更加清晰。
- 【反显】命令：可以把图像的颜色转换为与其相对的颜色，从而生成图像的负片效果。
- 【极色化】命令：可以把图像颜色简单化处理，从而得到色块化效果。
- 【尘埃与刮痕】命令：可以通过更改图像中相异像素的差异来减少杂色。

【例8-1】 调整图像色彩

下面主要选择【效果】/【调整】/【调合曲线】命令调整图像的色彩，原图与调整后的效果如图 8-1 所示。

图8-1 原图与调整后的效果

操作步骤

(1) 新建一个图形文件，然后将素材文件"资料"目录下名为"蝴蝶.jpg"的图片导入。

(2) 选择【效果】/【调整】/【调合曲线】命令，弹出如图 8-2 所示的【调合曲线】对话框。

(3) 在【调合曲线】对话框中单击 按钮将其激活，即可在预览窗口中随时观察位图图像调整后的颜色效果，不必每次单击 预览 按钮。

(4) 在【色频通道】下拉列表中选择【红色通道】选项，然后将鼠标指针移动到右侧窗口中的线形上单击添加控制点，再将添加的控制点调整至如图 8-3 所示的位置。

图8-2 【调合曲线】对话框　　　　　　　　　图8-3 控制点调整的位置

(5) 用与步骤（4）相同的方法，分别调整"绿色通道"和"蓝色通道"，调整后的线形形态如图 8-4 所示。

图8-4 调整后的线形形态

(6) 单击 确定 按钮，即可完成位图图像色调的调整。

8.2 位图效果

利用位图效果命令可对位图图像进行特效艺术化处理。CorelDRAW X3 的【位图】菜单中共有 70 多个（分为 10 类）位图命令，每个命令都可以使图像产生不同的艺术效果，下面分别来进行介绍。

【例8-2】 基本的使用方式

 操作步骤

(1) 选择【文件】/【新建】命令，新建一个文件。
(2) 选择【文件】/【导入】命令，将素材文件"资料"目录下名为"位图处理.jpg"的图片导入。
(3) 选择导入的图片，并选择【位图】/【三维效果】/【三维旋转】命令，弹出如图 8-5 所示的【三维旋转】对话框。
(4) 在【垂直】数值框中输入数值"20"，【水平】数值框中输入数值"-30"。单击 确定 按钮，图像产生三维旋转效果。图 8-6 所示为执行三维旋转操作前/后图像的效果。

图8-5 【三维旋转】对话框

图8-6 三维旋转前/后的效果

 拓展知识

【三维旋转】对话框中的选项和按钮功能如下。

- 回按钮：单击该按钮，对话框会切换为如图 8-7 所示的状态，可在对话框上部打开预览窗口。

- 按钮：移动鼠标指针到该按钮上，按住鼠标左键并拖曳，可以调整旋转的角度。同时，右侧的【垂直】与【水平】数值框中的数值会发生相应变化。

- 【垂直】数值框：以输入数值的方式，调整图像在垂直方向上的旋转角度。

- 【水平】数值框：以输入数值的方式，调整图像在水平方向上的旋转角度。

图8-7 【三维旋转】对话框

- 预览 按钮：单击该按钮，可以对当前的旋转效果进行预览。

- 按钮：激活该按钮，当对话框中的参数改变时，都会自动进行预览；当该按钮为未激活状态时，只有在单击 预览 按钮后，才会对图像的效果进行预览。

- 重置 按钮：单击该按钮，可以将当前参数和图像的预览效果进行恢复。

8.2.1 【三维效果】命令组

在工作区域中选择了位图图片后，菜单栏中的【位图】/【三维效果】命令组可以使选择的位图产生不同类型的立体效果。它包括 7 个菜单命令，各命令的功能如下。

- 【三维旋转】：可以使图像产生一种景深效果。

- 【柱面】：可以使图像产生一种图像环绕在圆柱体上的扭曲效果，或贴附在一个凹陷曲面中的凹陷效果。

- 【浮雕】：可以使图像产生一种浮雕效果。通过控制光源的方向和浮雕的深度来控制图像的光照区和阴影区。

- 【卷页】：可以使图像产生有一角卷起的卷页效果。

- 【透视】：可以使图像产生三维的透视效果。

- 【挤远/挤近】：可以使图像从中心开始产生向中心挤近或向外挤远的扭曲效果。

- 【球面】：可以使图像产生一种球状扭曲效果，类似哈哈镜中的效果。

每个命令所产生的效果如图 8-8 所示。

| 原图 | 三维旋转 | 柱面 | 浮雕 |

| 卷页 | 透视 | 挤远/挤进 | 球面 |

图8-8 选择三维效果命令产生的各种效果

8.2.2 【艺术笔触】命令组

【艺术笔触】命令是一种模仿传统绘画效果的特效滤镜，可以使图像产生类似于画笔绘制的艺术特效。它包括 14 个菜单命令，各命令的功能如下。

- 【炭笔画】：可以使图像产生用炭笔在图板上绘画的效果。应用该命令后，图像会变为黑白颜色图像。

- 【单色蜡笔画】：可以使图像产生一种柔和的发散效果，软化位图的细节，产生一种雾蒙蒙的感觉。

- 【蜡笔画】：可以使图像产生一种熔化效果。通过调整画笔的大小和图像轮廓线的粗细来反映蜡笔效果的强烈程度，轮廓线设置得越大，效果表现越强烈，在细节不多的位图上效果最明显。

- 【立体派】：可以使图像产生网印和压印的效果。

- 【印象派】：可以使图像产生一种类似于绘画中的印象派画法绘制的彩画效果。

- 【调色刀】：可以为图像添加类似于使用油画刀绘制的画面效果。

- 【彩色蜡笔画】：可以使图像产生类似于粉性蜡笔绘制出的斑点艺术效果。

- 【钢笔画】：可以产生类似使用墨水绘制的图像效果，此命令比较适合图像内部与边缘对比比较强烈的图像。

- 【点彩派】：可以使图像产生看起来好像由大量的色点组成的效果。

- 【木版画】：可以在图像的彩色或黑白色之间生成一个明显的对照点，使图像产生刮涂绘画的效果。

- 【素描】：可以使图像生成一种类似于素描的效果。

- 【水彩画】：此命令类似于【彩色蜡笔画】命令，可以为图像添加发散效果。

- 【水印画】：可以使图像产生斑点效果，将图像中的微小细节隐藏。

- 【波纹纸画】：可以为图像添加细微的颗粒效果。

每个命令所产生的效果如图 8-9 所示。

图8-9 选择艺术笔触命令产生的各种效果

8.2.3　【模糊】命令组

【模糊】命令是通过不同的方式来柔化图像中的像素，使图像得到平滑的模糊效果。它包括9个菜单命令，各命令的功能如下。

- 【定向平滑】：可以为图像添加少量的模糊，使图像产生非常细微的变化，主要适合于平滑人物皮肤和校正图像中细微粗糙的部位。
- 【高斯式模糊】：此命令是经常使用的一个命令，主要通过高斯分布来操作位图的像素信息，从而为图像添加模糊变形的效果。
- 【锯齿状模糊】：可以为图像添加模糊效果，从而减少经过调整或重新取样后生成的参差不齐的边缘，还可以最大限度地减少扫描图像时的蒙尘和刮痕。
- 【低通滤波器】：可以抵消由于调整图像的大小而产生的细微狭缝，从而使图像柔化。
- 【动态模糊】：不仅可以使图像产生动态速度的幻觉效果，还可以使图像产生风雷般的动感。
- 【放射式模糊】：可以使图像产生向四周发散的放射效果，离放射中心越远放射模糊效果越明显。
- 【平滑】：可以使图像中每个像素之间的色调变得平滑，从而产生一种柔软的效果。
- 【柔和】：此命令对图像的作用很微小，几乎看不出变化，但是使用【柔和】命令可以在不改变原图像的情况下再给图像添加轻微的模糊效果。
- 【缩放】：此命令与【放射式模糊】命令有些相似，都是从图形的中心开始向外扩散放射。但使用【缩放】命令可以给图像添加逐渐增强的模糊效果，并且可以突出图像中的某个部分。

每个命令所产生的效果如图8-10所示。

原图	定向平滑	高斯式模糊	锯齿状模糊	低通滤波器
动态模糊	放射式模糊	平滑	柔和	缩放

图8-10　选择模糊命令产生的各种效果

8.2.4　【相机】命令组

【相机】命令组中只有一个【扩散】菜单命令，主要是通过扩散图像的像素来填充空白区域消除杂点，类似于给图像添加模糊的效果，但效果不太明显。

8.2.5 【颜色转换】命令组

【颜色转换】命令类似于位图的色彩转换器，可以给图像转换不同的色彩效果。它包括 4 个菜单命令，各命令的功能如下。

- 【位平面】：可以将图像中的色彩变为基本的 RGB 色彩，并使用纯色将图像显示出来。
- 【半色调】：可以使图像变得粗糙，生成半色调网屏效果。
- 【梦幻色调】：可以将图像中的色彩转换为明亮的色彩。
- 【曝光】：可以将图像的色彩转化为近似于照片底色的色彩。

每个命令所产生的效果如图 8-11 所示。

原图　　　　　位平面　　　　　半色调　　　　　梦幻色调　　　　　曝光

图8-11 选择颜色转换命令产生的各种效果

8.2.6 【轮廓图】命令组

【轮廓图】命令可以查找图像中颜色亮度变化较大的区域边缘，从而产生勾勒轮廓线的效果。它包括 3 个菜单命令，各命令的功能如下。

- 【边缘检测】：可以对图像的边缘进行检测显示。
- 【查找边缘】：可以使图像中的边缘彻底地显现出来。
- 【描摹轮廓】：可以对图像的轮廓进行描绘。

每个命令所产生的效果如图 8-12 所示。

原图　　　　　边缘检测　　　　　查找边缘　　　　　描摹轮廓

图8-12 选择轮廓图命令产生的各种效果

8.2.7 【创造性】命令组

【创造性】命令可以给位图图像添加各种各样的创造性底纹艺术效果。它包括 14 个菜单命令，各命令的功能如下。

- 【工艺】：可以为图像添加多种样式的纹理效果。
- 【晶体化】：可以将图像分裂为许多不规则的碎片。
- 【织物】：此命令与【工艺】命令有些相似，它可以为图像添加编织特效。

- 【框架】：可以为图像添加艺术性的边框。
- 【玻璃砖】：可以使图像产生一种玻璃纹理效果。
- 【儿童游戏】：可以使图像产生很多意想不到的艺术效果。
- 【马赛克】：可以将图像分割成类似于陶瓷碎片的效果。
- 【粒子】：可以为图像添加星状或泡沫效果。
- 【散开】：可以在水平和垂直方向上扩散像素，使图像产生一种变形效果。
- 【茶色玻璃】：可以使图像产生一种透过有色玻璃看图像的效果。
- 【彩色玻璃】：可以使图像产生彩色玻璃效果，类似于用彩色的碎玻璃拼贴在一起的艺术效果。
- 【虚光】：可以产生边框效果，还可以改变边框的形状、颜色和大小等内容。
- 【旋涡】：可以使图像产生旋涡效果。
- 【天气】：可以给图像添加如下雪、下雨或雾等天气效果。

每个命令所产生的效果如图 8-13 所示。

图8-13 选择创造性命令产生的各种效果

8.2.8 【扭曲】命令组

【扭曲】命令可以对图像进行扭曲变形，从而改变图像的外观，但在改变的同时不会增加图像的深度。它包括 10 个菜单命令，各命令的功能如下。

- 【块状】：可以将图像分为多个区域，并且可以调节各区域的大小以及偏移量。
- 【置换】：可以将预设的图样均匀地置换到图像上。
- 【偏移】：可以按照设置的数值偏移整个图像，并按照指定的方法填充偏移后留下的空白区域。
- 【像素】：可以按照像素模式使图像像素化，并产生一种放大的位图效果。
- 【龟纹】：可以使图像产生扭曲的波浪变形效果，还可以对波浪的大小、幅度、频率等进行调节。

- 【旋涡】：可以使图像按照设置的方向和角度产生变形，生成按顺时针或逆时针旋转的旋涡效果。
- 【平铺】：可以将原图像作为单个元素，在整个图像范围内按照设置的个数进行平铺排列。
- 【湿笔画】：可以使图像生成一种尚未干透的水彩画效果。
- 【涡流】：此命令类似于【旋涡】命令，可以为图像添加流动的旋涡图案。
- 【风吹效果】：可以使图像产生起风的效果，还可以调节风的大小及风的方向。

每个命令所产生的效果如图 8-14 所示。

| 块状 | 置换 | 偏移 | 像素 | 龟纹 |

| 旋涡 | 平铺 | 湿笔画 | 涡流 | 风吹效果 |

图8-14 选择【扭曲】命令产生的各种效果

8.2.9 【杂点】命令组

【杂点】命令不仅可以给图像添加杂点效果，而且可以校正图像在扫描或过度混合时所产生的缝隙。它包括 6 个菜单命令，各命令功能如下。

- 【添加杂点】：可以将不同类型和颜色的杂点以随机的方式添加到图像中，使其产生粗糙的效果。
- 【最大值】：可以根据图像中相邻像素的最大色彩值来去除杂点，多次使用此命令会使图像产生一种模糊效果。
- 【中值】：通过平均图像中的像素色彩来去除杂点。
- 【最小】：通过使图像中的像素变暗来去除杂点，此命令主要用于亮度较大和曝光过度的图像。
- 【去除龟纹】：可以将图像扫描过程中产生的网纹去除。
- 【去除杂点】：可以降低图像扫描时产生的网纹和斑纹强度。

每个命令所产生的效果如图 8-15 所示。

| 添加杂点 | 最大值 | 中值 | 最小 | 去除龟纹 | 去除杂点 |

图8-15 选择杂点命令产生的各种效果

8.2.10 【鲜明化】命令组

【鲜明化】命令可以使图像边缘变得清晰。它包括 5 个菜单命令，各命令的功能如下。

- 【适应非鲜明化】：可以通过分析图像中相邻像素的值来加强位图中的细节，但图像的变化极小。
- 【定向柔化】：可以根据图像边缘像素的发光度来使图像变得更清晰。
- 【高通滤波器】：通过改变图像的高光区和发光区的亮度及色彩度，从而去除图像中的某些细节。
- 【鲜明化】：可以使图像中各像素的边缘对比度增强。
- 【非鲜明化遮罩】：通过提高图像的清晰度来加强图像的边缘。

每个命令所产生的效果如图 8-16 所示。

适应非鲜明化　　　定向柔化　　　高通滤波器　　　鲜明化　　　非鲜明化遮罩

图8-16　选择鲜明化命令产生的各种效果

8.3　【描摹位图】命令组

在 CorelDRAW 中除了可以将矢量图形转换为位图外，用户还可以将位图图像转换为矢量图。通过将位图图像转换为矢量图，可以继续对图形进行进一步的矢量调整，如填充渐变色、进行形状变形等。

选择要矢量化的位图图像后，再选择【位图】/【描摹位图】/【线条图】命令，将弹出如图 8-17 所示的【Power TRACE】对话框。

图8-17　【Power TRACE】对话框

第 8 章　位图的处理

整个对话框分为两大部分，左边是预览区和查看预览图形的工具按钮，右边是选项及参数设置区。

- **【预览】**：设置预览区显示的图像，包括【之前和之后】、【较大预览】和【线框叠加】3 个选项。当选择【之前和之后】选项时，预览区中显示源图像及矢量化后的图形，当选择【较大预览】选项时，预览区中只显示矢量化后的图形。当选择【线框叠加】选项时，预览区中显示矢量化图形的外轮廓。

- **【透明度】**：当在【预览】下拉列表中选择【线框叠加】选项时，此选项才可用。它用于设置矢量化后图形填充色的透明程度，数值越大，图形越透明。

- **【放大】**按钮🔍：可放大图像或图形的显示。

- **【缩小】**按钮🔍：可缩小图像或图形的显示。

- **【按窗口大小显示】**按钮🔲：可将预览区中的图像或图形按对话框的大小显示。

- **【平移】**按钮✋：当图像或图形放大到窗口无法完全显示时，利用此按钮在预览区中拖曳，可调整图像或图形的显示区域。

- **【撤销】**按钮 🔄 ：单击此按钮，可撤销刚才的设置。

- **【重做】**按钮 🔄 ：单击此按钮，可重做刚才撤销的设置。

- **重置** 按钮：单击此按钮，将还原图像。

- **【图像类型】**：设置图像的跟踪方式，包括【线条图】、【徽标】、【徽标细节】、【剪贴画】、【低质量图像】和【高质量图像】6 个选项。

- **【平滑】**：设置生成图形的平滑程度。数值越大，图形边缘越光滑。

- **【细节】**：设置保留原图像细节的程度。数值越大，图形失真越小，质量越高。

- **【颜色模式】**：设置生成图形的颜色模式，包括 "CMYK"、"RGB" 和 "灰度" 等模式。

- **【颜色数】**：设置生成图形的颜色数量。数值越大，图形越细腻。

- **【删除原始图像】**：勾选此复选框，系统会将源图像矢量化，否则会将源图像复制然后进行矢量化。

- **【移除背景】**：将源图像中的填充色部分或全部移除，分为自动移除和指定颜色移除。当选中【自动选择颜色】单选按钮时，系统将自动选择要移除的颜色。当选中【指定颜色】单选按钮时，可利用右侧的【指定要移除的背景色】按钮🖋，在预览区中吸取要移除的颜色。如果勾选【移除整个图像的颜色】复选框，系统会将与要移除颜色相同的颜色全部移除，否则只移除指定区域的颜色。

- **【跟踪结果详细资料】**：显示描绘成矢量图形后的细节报告。

- **【颜色】**选项卡：显示矢量化后图形的所有颜色及颜色值。

8.4 综合案例——绘制装饰画

利用位图处理工具，绘制如图 8-18 所示的装饰画。

操作步骤

(1) 按 Ctrl+N 组合键新建一个文件。

(2) 双击工具箱中的 ▫ 按钮，绘制一个与页面相同大小的矩形。

(3) 在工具箱中的 ✎ 按钮上按住鼠标左键，在弹出的隐藏工具组中选择 ✎ 工具，绘制如图 8-19 所示的图形。

(4) 单击工具箱中的 ✎ 按钮，输入数字 "354"，字体为 "黑体"，无填充，轮廓为黑色，其大小和位置如图 8-20 所示。

图8-18 绘制的装饰画

图8-19 绘制图形

图8-20 输入数字

(5) 选择如图 8-20 所示的所有图形，将其群组，以方便后面的操作。

(6) 单击工具箱中的 ✎ 按钮，将属性栏中的填充颜色选项右侧的颜色设置为青色（C:61,M:0,Y:7,K:0），然后为如图 8-21 所示的图形填充颜色。

(7) 使用 ✎ 工具，参照图 8-22 填充其他图形。

(8) 删除步骤（5）中群组的对象，效果如图 8-23 所示。

图8-21 填充图形

(C: 61, M: 0, Y: 7, K: 0)
(C: 100, M: 0, Y: 0, K: 0)
(C: 94, M: 33, Y: 0, K: 0)
(C: 0, M: 20, Y: 90, K: 0)
(C: 98, M: 91, Y: 0, K: 0)
(C: 27, M: 98, Y: 14, K: 0)
(C: 7, M: 93, Y: 13, K: 0)
(C: 20, M: 77, Y: 12, K: 0)

图8-22 填充颜色

图8-23 删除群组对象后的效果

(9) 选择如图 8-23 所示的所有图形，然后选择【位图】/【转换为位图】命令，弹出如图 8-24 所示的【转换为位图】对话框。

(10) 设置如图 8-24 所示的选项，然后单击 ▢确定 按钮，将对象转换为位图。

(11) 选择转换为位图的文字，再选择【位图】/【艺术笔触】/【印象派】命令，弹出【印象派】对话框，参照图 8-25 设置相应选项的参数。

图8-24 【转换为位图】对话框　　　　　　　　　图8-25 【印象派】对话框

(12) 单击 ▢确定 按钮。设置艺术笔触后的效果如图 8-26 所示。

(13) 绘制如图 8-27 所示的图形。

(14) 将图形填充设置为白色，轮廓为无，效果如图 8-28 所示。

图8-26 艺术笔触后的效果　　　　　　图8-27 绘制图形　　　　　　　　图8-28 填充效果

(15) 单击工具箱中的 ▨ 按钮，将属性栏中的 线性▢ 选项设置为 "射线"，并参照图 8-29 对图形进行交互式透明化操作。

(16) 最终效果如图 8-30 所示。

图8-29 交互式透明化　　　　　　　　　图8-30 最终效果

(17) 选择【文件】/【保存】命令，将文件命名为 "装饰画.cdr" 并进行保存。

案例小结

　　本章介绍了处理位图的菜单命令，对每一个命令的选项和参数都进行了介绍，读者应了解每一个命令的使用方法和对图像产生的效果（这些内容在图像处理中起到很大的作用），以便能在以后的图像处理中灵活运用它们。

 习题

操作题

　　1. 利用所学的【位图】/【轮廓图】命令组，将图 8-31 所示的图片处理为图 8-32 所示的效果。

图8-31　原图 1

图8-32　处理后的效果 1

　　2. 利用所学的【位图】/【创造性】命令组，将图 8-33 所示的图片处理为图 8-34 所示的效果。

图8-33　原图 2

图8-34　处理后的效果 2